超《ちょう》絵《え》解《かい》本《ぼん》

絵《え》と図《ず》でよくわかる

心《しん》理《り》学《がく》

心《こころ》の不《ふ》思《し》議《ぎ》を科《か》学《がく》で読《よ》み解《と》く

はじめに

私《わたし》たちの何気《なにげ》ない行動《こうどう》や判断《はんだん》には，心《こころ》が大《おお》きくかかわっています。
心理学《しんりがく》は，目《め》にみえない心《こころ》のはたらきを，科学的《かがくてき》に研究《けんきゅう》する学問《がくもん》です。

心理学《しんりがく》であつかう心《こころ》とは，「多《おお》くの人《ひと》に共通《きょうつう》する心《こころ》」です。
「あの人《ひと》」や「あなた」といった特定《とくてい》のだれかの心《こころ》は，
たとえ心理学《しんりがく》の専門家《せんもんか》であっても，見《み》すかすことなどできません。

一方《いっぽう》，まわりの人《ひと》に合《あ》わせてしまったり，うわさを信《しん》じたり，
閉店時間《へいてんじかん》が近《ちか》づくと余分《よぶん》な物《もの》を買《か》ってしまったり……
といった行動《こうどう》は，心理学《しんりがく》で説明《せつめい》することができます。

多《おお》くの人《ひと》に共通《きょうつう》する心《こころ》のはたらきを，
正《ただ》しく客観的《きゃっかんてき》に理解《りかい》することができたら，
きっと毎日《まいにち》の生活《せいかつ》に役立《やくだ》つ機会《きかい》があるでしょう。

奥深《おくぶか》い心理学《しんりがく》の世界《せかい》を，どうぞお楽《たの》しみください。

1 「心理学《しんりがく》」って何《なん》だろう

2 性格《せいかく》と心《こころ》の成長《せいちょう》の心理学《しんりがく》

3 人間関係《にんげんかんけい》の心理学《しんりがく》

4 損得勘定《そんとくかんじょう》の心理学《しんりがく》

5 記憶《きおく》の心理学《しんりがく》

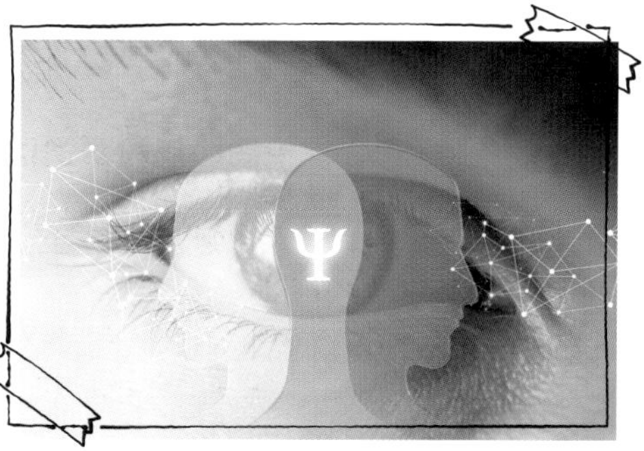

1

『心理学《しんりがく》』って何《なん》だろう

人《ひと》の体《からだ》に「心《こころ》」という臓器《ぞうき》はありません。なのに，私《わたし》たちは「心《こころ》」に振《ふ》りまわされることが多々《たた》あります。この目《め》に見《み》えない「心《こころ》」のはたらきを研究《けんきゅう》するのが心理学《しんりがく》です。1章《しょう》では，心理学《しんりがく》がどのような学問《がくもん》なのか，その発展《はってん》の歴史《れきし》を含《ふく》めて紹介《しょうかい》します。

Ψ

心理学《しんりがく》とは，人《ひと》の心《こころ》を科学的《かがくてき》に理解《りかい》する学問《がくもん》

目《め》に見《み》える「行動《こうどう》」を観測《かんそく》・測定《そくてい》する

心理学《しんりがく》とは，人《ひと》の心《こころ》のしくみを，科学的《かがくてき》な方法《ほうほう》で理解《りかい》しようとする学問《がくもん》です。

心《こころ》は，見《み》ることもさわることもできません。そこで，心理学《しんりがく》では目《め》に見《み》える形《かたち》であらわれる「行動《こうどう》」を観察《かんさつ》・測定《そくてい》し，その行動《こうどう》を生《う》みだした背景《はいけい》にある心《こころ》のしくみを推測《すいそく》します。観察《かんさつ》や測定《そくてい》で得《え》られたデータをもとに仮説《かせつ》と検証《けんしょう》を行《おこな》い，人々《ひとびと》に共通《きょうつう》する性質《せいしつ》や傾向《けいこう》を明《あき》らかにしたり，個人《こじん》の性格《せいかく》を理解《りかい》したりします。

また，**「心《こころ》とは何《なに》か」を一言《ひとこと》であらわすのはむずかしいため，心理学《しんりがく》では心《こころ》をいくつかの要素《ようそ》に分《わ》けて考《かんが》えます。「知覚《ちかく》」「記憶《きおく》」「学習《がくしゅう》」「思考《しこう》」「感情《かんじょう》」などです。**それぞれの要素《ようそ》があらわれる行動《こうどう》を観察《かんさつ》・測定《そくてい》し，要素《ようそ》ごとに性質《せいしつ》を明《あき》らかにしていきます。

心理学《しんりがく》の主《おも》な研究分野《けんきゅうぶんや》には，「実験心理学《じっけんしんりがく》」「性格心理学《せいかくしんりがく》」「社会心理学《しゃかいしんりがく》」「臨床心理学《りんしょうしんりがく》」などがあります。「実験心理学《じっけんしんりがく》」は，実験《じっけん》を通《つう》じて心《こころ》を構成《こうせい》する要素《ようそ》の性質《せいしつ》を明《あき》らかにします。「性格心理学《せいかくしんりがく》」は，個人《こじん》の性格《せいかく》（パーソナリティ）のなりたちや行動《こうどう》パターンの理解《りかい》を深《ふか》めます。「社会心理学《しゃかいしんりがく》」は，集団《しゅうだん》の中《なか》での人《ひと》のふるまいや考《かんが》え方《かた》のくせなどを明《あき》らかにします。「臨床心理学《りんしょうしんりがく》」は，心《こころ》の病《やまい》や社会《しゃかい》への不適応《ふてきおう》の悩《なや》みを解決《かいけつ》するために，介入《かいにゅう》を行《おこな》います。

ほかにも，特定《とくてい》の状況《じょうきょう》における人《ひと》の心《こころ》を探求《たんきゅう》する分野《ぶんや》や，体《からだ》や脳《のう》の機能《きのう》と心《こころ》のしくみの関係《かんけい》を調《しら》べる分野《ぶんや》などがあります。

行動《こうどう》の観察《かんさつ》から心《こころ》をさぐる

町《まち》を歩《ある》くのにも，買《か》い物《もの》に出《で》かけるのにも，心《こころ》のはたらきが影響《えいきょう》しています。心理学《しんりがく》は，複雑《ふくざつ》な人《ひと》の心《こころ》をいくつかの要素《ようそ》に分《わ》けて理解《りかい》していく学問《がくもん》です。

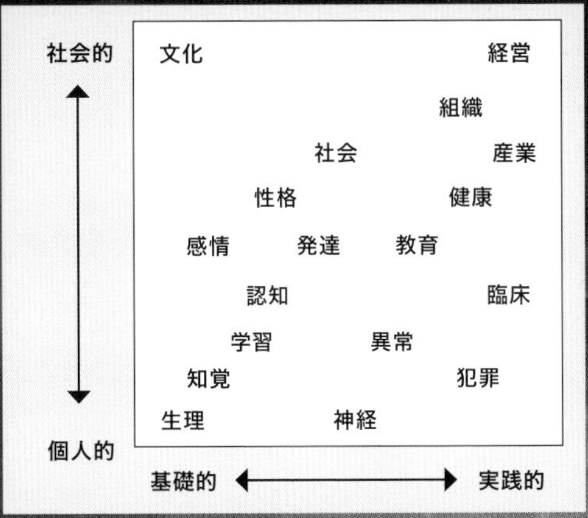

心理学《しんりがく》には，心《こころ》の性質《せいしつ》を明《あき》らかにする基礎的《きそてき》な分野《ぶんや》もあれば，実生活《じっせいかつ》の中《なか》でおこる問題《もんだい》に対処《たいしょ》するための実践的《じっせんてき》な分野《ぶんや》もあります。また，個人《こじん》の心《こころ》を対象《たいしょう》とする分野《ぶんや》もあれば，集団《しゅうだん》や社会全体《しゃかいぜんたい》の心《こころ》を対象《たいしょう》とする分野《ぶんや》もあります。左《ひだり》の図《ず》では，それぞれの分野《ぶんや》の位置《いち》づけを示《しめ》しました。

出典：市川伸一（2002）．心理学って何だろう．北大路書房．を一部改変

「心理学」って何だろう

心理《しんり》テストと心理学《しんりがく》は別《べつ》のもの

だれもがもつ心《こころ》のはたらきを科学的《かがくてき》にとらえるのが「心理学《しんりがく》」

この心理《しんり》テストは，あなたの性格《せいかく》を見抜《みぬ》きます──。雑誌《ざっし》やインターネット，テレビ番組《ばんぐみ》などではこうした「心理《しんり》テスト」がしばしば紹介《しょうかい》されます。また，しぐさや表情《ひょうじょう》から相手《あいて》の考《かんが》えを見破《みやぶ》る「読心術《どくしんじゅつ》」が話題《わだい》になることもあります。

これらの多《おお》くは，学問《がくもん》としての心理学《しんりがく》とは区別《くべつ》されています。心《しん》理《り》テストや読心術《どくしんじゅつ》は，特定《とくてい》のだれかの性格《せいかく》や考《かんが》えをいいあてようとします。一方《いっぽう》，**心理学《しんりがく》の研究《けんきゅう》でわかるのは，多《おお》くの人《ひと》に共通《きょうつう》する性《せい》質《しつ》や傾向《けいこう》です**。また，人《ひと》の心《こころ》は，過《か》去《こ》の経験《けいけん》や環境《かんきょう》に影響《えいきょう》されながら変化《へんか》していきます。情報《じょうほう》の切《き》り取《と》り方《かた》や解釈《かいしゃく》のしかたも，個人《こじん》ごとにちがいます。

心理学《しんりがく》の専門家《せんもんか》が相談者《そうだんしゃ》の心《こころ》の特徴《とくちょう》を理解《りかい》しようとするときには，対話《たいわ》をしたり，「心理検査《しんりけんさ》」とよばれるテストを行《おこな》ったりして，その人《ひと》の心《こころ》の特徴《とくちょう》を査定《さてい》（アセスメント）します。そして，それらの結《けっ》果《か》を総合的《そうごうてき》に判断《はんだん》し，仮説《かせつ》を立《た》てながらカウンセリングなどを進《すす》めます。

人《ひと》の心《こころ》はたいへん複雑《ふくざつ》であるため，心理学《しんりがく》の専門家《せんもんか》であっても，そのすべて見《み》すかすようなことはできないのです。

なお，心理学《しんりがく》の専門家《せんもんか》が相談者《そうだんしゃ》の心《こころ》の理解《りかい》に役立《やくだ》てるためのツールには，共通《きょうつう》する三《みっ》つの特徴《とくちょう》があります。測定《そくてい》したいものをきちんと測定《そくてい》できている「妥当性《だとうせい》」，何度《なんど》測定《そくてい》しても同《おな》じ結果《けっか》が出《で》る「信頼《しんらい》性《せい》」，測定方法《そくていほうほう》に誤《あやま》りがあることを第三者《だいさんしゃ》がチェックできる「反証《はんしょう》可能性《かのうせい》」です。「心理《しんり》テスト」や「心理占《しんりうらな》い」といったものの大半《たいはん》は，これら三《みっ》つの特徴《とくちょう》がそなわっていません。

心理学《しんりがく》は，「心《こころ》」の科学《かがく》

心理学《しんりがく》は，英語《えいご》でPsychology（サイコロジー）とよばれます。息《いき》や心《こころ》，魂《たましい》などを意味《いみ》する古代《こだい》ギリシャ語《ご》の「プシュケー」がその語源《ごげん》だといわれます。その頭文字《かしらもじ》であるギリシャ文字《もじ》の「Ψ」（プサイ）は，しばしば心《しん》理学《りがく》をあらわすシンボルとして用《もち》いられます。

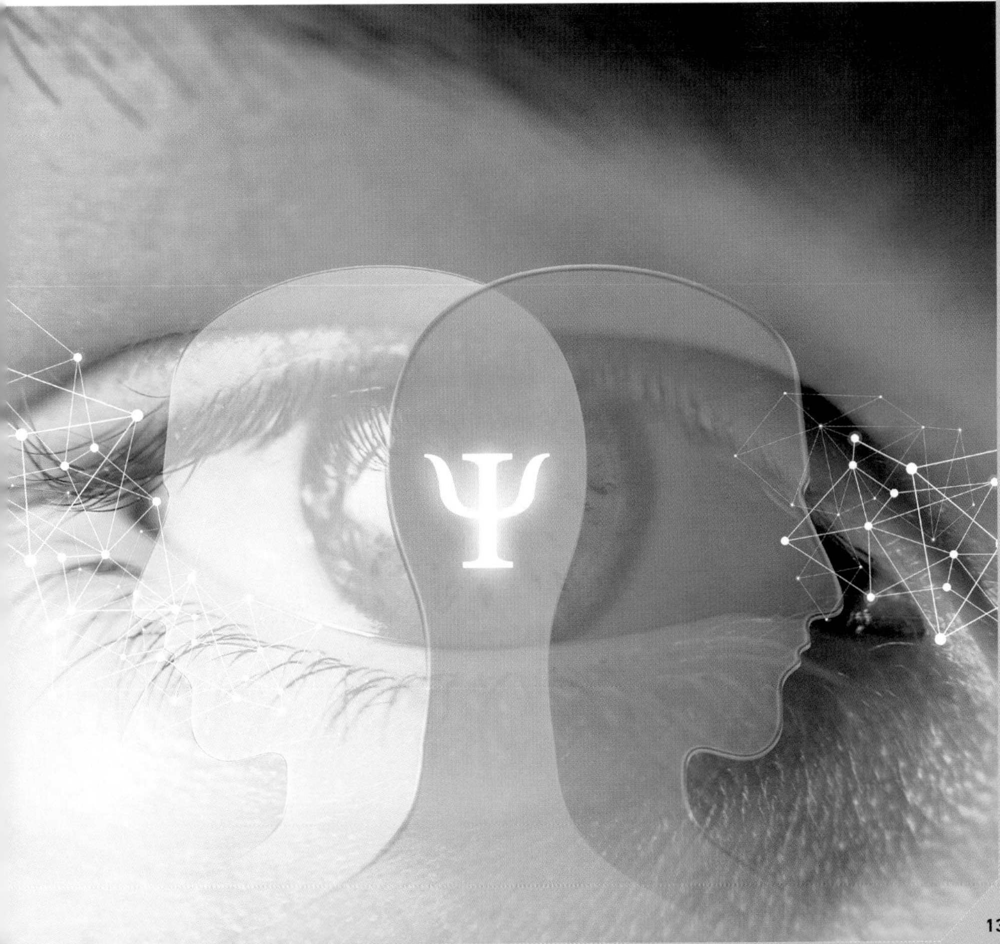

心《しん》理《り》学《がく》は，データの収集《しゅうしゅう》にはじまる

研究《けんきゅう》でよく使《つか》われている四《よっ》つの方法《ほうほう》

①実験法《じっけんほう》（ストループ効果《こうか》）

この図《ず》は「ストループテスト」の実験《じっけん》の例《れい》です。実験参加者《じっけんさんかしゃ》に，上《うえ》から順《じゅん》に文字《もじ》の色《いろ》を回《かい》答《とう》してもらい，その反応時間《はんのうじかん》を測定《そくてい》します。文字《もじ》の色《いろ》と文字《もじ》の内容《ないよう》が一致《いっち》している2番目《ばんめ》以外《いがい》は，書《か》いてある文字《もじ》につられて反応《はんのう》が遅《おそ》くなります。同時《どうじ》に目《め》にする二《ふた》つの情報《じょうほう》が一《いっ》致《ち》していないと混乱《こんらん》し，反応《はんのう》が遅《おそ》くなるのです（ストループ効果《こうか》)。

	●下の文は不安なことがおきたときの考え方についての記述です。それぞれの項目を読んで，確実にできると思うものには「4」，まあまあできると思うものには「3」，あまりできないと思うものには「2」，まったくできないと思うものには「1」と，右の応答欄のあてはまる数字を○で囲んでください。	確実にできると思う まあまあできると思う あまりできないと思う まったくできないと思う
1	そのことが自分にとって何を意味しているのか落ち着いて考えられる	1 - 2 - 3 - 4
2	そのような状態になる根拠を冷静に考え，ずっとこの状態がつづくわけではないと思える	1 - 2 - 3 - 4
3	そうなった理由をいくつか考えられる	1 - 2 - 3 - 4
4	どうしたらよいか，思考や行動の選択肢をいくつか考えられる	1 - 2 - 3 - 4
5	よい気分はしないけれど，破局的には考えない	1 - 2 - 3 - 4
6	そのような状態から引きおこされると考えられる悪い結果が頭に浮かんでも，それは自分の想像によるものだと思う	1 - 2 - 3 - 4
7	その状況のよい面と悪い面を考え，行動の可能性をさぐることができると思う	1 - 2 - 3 - 4
8	そのような状況でも明るい希望をもち，逆境を自分の利益にかえられると思う	1 - 2 - 3 - 4
9	自分の状況のとらえ方，ものの見方のくせについて考える	1 - 2 - 3 - 4
10	その状況から悪い連想を発展させない	1 - 2 - 3 - 4
11	問題を解決するような想像をする	1 - 2 - 3 - 4
12	その状況を深刻に考えてしまうとき，いったん考えるのをやめられる	1 - 2 - 3 - 4

②質問紙調査法《しつもんしちょうさほう》

回答用紙《かいとうようし》の一例《いちれい》です。回答者《かいとうしゃ》はそれぞれの質《しつ》問《もん》に対《たい》して，1から4の選択肢《せんたくし》のうち，最《もっと》もあてはまると思《おも》うものを選択《せんたく》します。回答者《かいとうしゃ》がわざと回答内容《かいとうないよう》をゆがめたりしても正《ただ》しい測定《そくてい》ができるように，質問項目《しつもんこうもく》の並《なら》べ方《かた》や統《とう》計処理《けいしょり》の方法《ほうほう》がくふうされています。

心理学《しんりがく》では，行動《こうどう》として表《おもて》に出《で》てくるデータを集《あつ》め，それをもとに仮説《かせつ》を検証《けんしょう》します。**データ収《しゅう》集《しゅう》によく使《つか》われる方法《ほうほう》は，次《つぎ》の四《よっ》つです。**

①「実験法《じっけんほう》」：特定《とくてい》の要因《よういん》が結果《けっか》に影響《えいきょう》をあたえるかを調《しら》べるために，特定《とくてい》の要因《よういん》を操作《そうさ》して，結果《けっか》の変化《へんか》を観察《かんさつ》します。主《おも》に，人々《ひとびと》に共通《きょうつう》する心《こころ》の基礎的《きそてき》な性質《せいしつ》を調《しら》べます。

②「質問紙調査法《しつもんしちょうさほう》」：調《しら》べたい項目《こうもく》について，質問紙《しつもんし》を使《つか》って参加者《さんかしゃ》に直接《ちょくせつ》たずねます。主《おも》に，人々《ひとびと》の考《かんが》えや感《かん》じ方《かた》を直接《ちょくせつ》たずねたいときに使《つか》われます。

③「観察法《かんさつほう》」：主《おも》に，特定《とくてい》の状況《じょうきょう》での人々《ひとびと》のふるまいの特徴《とくちょう》などについて，新《あたら》しい仮説《かせつ》を立《た》てたいときに使《つか》われます。

④「面接法《めんせつほう》」：研究者《けんきゅうしゃ》と参加者《さんかしゃ》が1対《たい》1，あるいは集団《しゅうだん》になって話《はな》し合《あ》いを行《おこな》います。

これらの方法《ほうほう》を研究《けんきゅう》の目的《もくてき》に応《おう》じて使《つか》い分《わ》け，仮説《かせつ》を立《た》てたり，仮説《かせつ》を検証《けんしょう》したりしながら，研究《けんきゅう》を進《すす》めていきます。

③観察法《かんさつほう》

研究者《けんきゅうしゃ》が現場《げんば》に行《い》って観察《かんさつ》を行《おこな》います。たとえば，子供《こども》の遊《あそ》び方《かた》を観察《かんさつ》することで，子供《こども》が問題行動《もんだいこうどう》をおこすときのパターンや，特定《とくてい》の子《こ》の発達《はったつ》が遅《おく》れているかどうかなどがわかり，適切《てきせつ》な対処《たいしょ》に役立《やくだ》てることができます。

④面接法《めんせつほう》

企業《きぎょう》の研究開発《けんきゅうかいはつ》の場《ば》では，顧客《こきゃく》を集《あつ》めて「商品《しょうひん》の使《つか》い心地《ごこち》」について自由《じゆう》に意見《いけん》をのべてもらい，商品《しょうひん》の改良《かいりょう》に役立《やくだ》てることがあります。また，臨床《りんしょう》の場《ば》では，アルコール依存《いぞん》などの同《おな》じ問題《もんだい》を抱《かか》えた人《ひと》どうしが集《あつ》まって自分《じぶん》の体験《たいけん》を自由《じゆう》に語《かた》り合《あ》うことで，心《こころ》をいやすことにつながります。

19世紀《せいき》に行《おこな》われた，世界初《せかいはつ》の心理実験《しんりじっけん》

主観的《しゅかんてき》な人間《にんげん》の感覚《かんかく》が，実験《じっけん》を通《つう》じて数値化《すうちか》された

心理学《しんりがく》が誕生《たんじょう》したのは，19世《せい》紀《き》のことです。その舞台《ぶたい》となったのが，ドイツのライプツィヒ大学《だいがく》でした。

ライプツィヒ大学《だいがく》の解剖学《かいぼうがく》教《きょう》授《じゅ》だったエルンスト・ヴェーバー（1795～1878）は，刺激《しげき》（たとえば手《て》のひらに乗《の》せるおもりの重《おも》さ）に対《たい》する感覚《かんかく》の変化《へんか》を調《しら》べる実験《じっけん》をくりかえしました。この研《けん》究《きゅう》は，同大学《どうだいがく》の物理学《ぶつりがく》教授《きょうじゅ》グスタフ・フェヒナー（1801～1887）に引《ひ》きつがれ，刺激《しげき》と感覚《かんかく》の対応関《たいおうかん》係《けい》を数式《すうしき》であらわした法則《ほうそく》（ヴェーバー・フェヒナーの法則《ほうそく》）が発《はっ》見《けん》されました。**主観的《しゅかんてき》なものである人間《にんげん》の感覚《かんかく》が，実験《じっけん》を通《つう》じて数《すう》値化《ちか》され，科学的《かがくてき》な研究《けんきゅう》の対象《たいしょう》となったのです。**

実験《じっけん》によって感覚《かんかく》を数値化《すうちか》するフェヒナーらの研究《けんきゅう》は，「精神物理《せいしんぶつり》学《がく》」とよばれました。これに影響《えいきょう》を受《う》けたのが，同大学《どうだいがく》の哲学教授《てつがくきょうじゅ》だったヴィルヘルム・ヴント（1832～1920）です。ヴントは，意識《いしき》や感情《かんじょう》といった心《こころ》のはたらきも実験《じっけん》を使《つか》えば数値化《すうちか》でき，科学的《かがくてき》に研《けん》究《きゅう》できるようになると考《かんが》えました。刺激《しげき》などを適切《てきせつ》にコントロールするためには，実験室《じっけんしつ》が必要《ひつよう》です。**そこでヴントは1879年《ねん》，同大学《どうだいがく》に世《せ》界《かい》ではじめての「心理学実験室《しんりがくじっけんしつ》」を開《ひら》きました。これが，近代的《きんだいてき》な心理学《しんりがく》の誕生《たんじょう》とされています。**

原子《げんし》が結《むす》びついて物質《ぶっしつ》になるように，意識《いしき》などの心《こころ》のはたらきも，多《おお》くの要素《ようそ》が結《むす》びついて構成《こうせい》されているとヴントは考《かんが》えました。そして，そうした要素《ようそ》の一《ひと》つ一《ひと》つを明《あき》らかにすることが心理学《しんりがく》の目《もく》標《ひょう》だと考《かんが》えたのです。ヴントのこうした立場《たちば》は「構成主義《こうせいしゅぎ》」とよばれます。

心理学《しんりがく》誕生《たんじょう》のきっかけは「精神物理学《せいしんぶつりがく》」

図《ず》はヴェーバーの実験《じっけん》の一例《いちれい》を模式的《もしきてき》にあらわしたものです。この実験《じっけん》から，変化《へんか》に気《き》づくのに必要《ひつよう》な刺激《しげき》の最小量《さいしょうりょう》は，基準《きじゅん》となる刺激《しげき》の大《おお》きさに比例《ひれい》することが明《あき》らかになりました。こうした研究《けんきゅう》は「精神物理学《せいしんぶつりがく》」とよばれ，ヴントが心理学実験室《しんりがくじっけんしつ》を開《ひら》くきっかけとなりました。

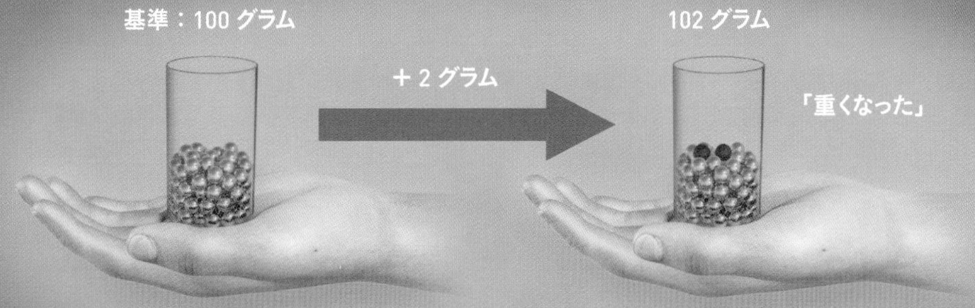

基準が 100 グラムのとき，「2 グラム」ふえると変化に気づく。

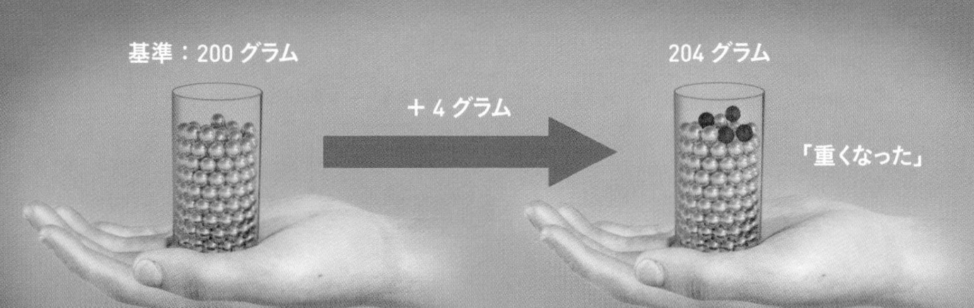

基準が 200 グラムになると，2 グラムではなく「4 グラム」ふえると変化に気づく。

ヴェーバー・フェヒナーの法則《ほうそく》

100グラムから200グラムに重《おも》さ（刺激《しげき》）がふえたときの感覚《かんかく》の変化《へんか》は，200グラムから400グラムにふえたときの感覚《かんかく》の変化《へんか》に等《ひと》しい，という法則《ほうそく》です。つまり感覚《かんかく》の変化《へんか》は「刺激《しげき》の差《さ》」ではなく，「刺激《しげき》が何倍《なんばい》になったか」で決《き》まる，ということになります。

「パブロフの犬《いぬ》」と「アルバート坊《ぼう》や」の実験《じっけん》

学習《がくしゅう》によって新《あたら》しい行動《こうどう》が生《しょう》じることを示《しめ》した

心理学《しんりがく》の歴史上《れきしじょう》，とても有名《ゆうめい》な二《ふた》つの実験《じっけん》

右《みぎ》に示《しめ》した二《ふた》つの実験《じっけん》のように，客観的《きゃっかんてき》に観察《かんさつ》できる「行動《こうどう》」を重視《じゅうし》して研究《けんきゅう》を行《おこな》うことを「行動主義《こうどうしゅぎ》」といい，20世紀前半《せいきぜんはん》の心理学《しんりがく》の主流《しゅりゅう》になりました。

パブロフの犬《いぬ》の実験《じっけん》

ロシアの生理学者《せいりがくしゃ》イワン・パブロフ（1849 ～ 1936）が行《おこな》った有名《ゆうめい》な実験《じっけん》に，「パブロフの犬《いぬ》の実《じっ》験《けん》」があります。この実験《じっけん》では，えさをあたえられると同時《どうじ》にメトロノームの音《おと》をくりかえし聞《き》かされた犬《いぬ》が，えさがなくても音《おと》だけで唾液《だえき》を出《だ》すようになりました。**「音《おと》」という刺激《しげき》と「唾液《だえき》が出《で》る」という反応《はんのう》が結《むす》びついたのです。これを心理学《しんりがく》では「条件《じょうけん》づけ」とよびます。**

アメリカの心理学者《しんりがくしゃ》ジョン・ワトソン（1878 ～ 1958）は，この条件《じょうけん》づけによる「学習《がくしゅう》」が人間《にんげん》でもおきることを実験《じっけん》で示《しめ》しました。1920年《ねん》に行《おこな》われた「アルバート坊《ぼう》やの実験《じっけん》」です。生後《せいご》11か月《げつ》のアルバートは当初《とうしょ》，ネズミを見《み》ても怖《こわ》がりませんでした。しかし，ネズミを見《み》せると同時《どうじ》に大《おお》きな音《おと》で怖《こわ》がらせた結果《けっか》，ネズミを怖《こわ》がるようになったのです。

もちろん，現在《げんざい》ではこうした実験《じっけん》は倫理的《りんりてき》に許《ゆる》されません。

アルバート坊《ぼう》やの実験《じっけん》

心《こころ》のはたらきは『環境全体《かんきょうぜんたい》』から生《う》まれる

心理学《しんりがく》に新《あたら》しい流《なが》れを生《う》んだ「ゲシュタルト心理学《しんりがく》」

アメリカで行動主義《こうどうしゅぎ》の心理学《しんりがく》（18ページ）が盛《さか》んになったころ，ドイツでも心理学《しんりがく》の新《あたら》しい考《かんが》えが生《う》まれました。それが「ゲシュタルト心理学《しんりがく》」です。

ゲシュタルト（Gestalt）とは，ドイツ語《ご》で「形態《けいたい》」を意味《いみ》します。たとえば，①は円《えん》に切《き》れこみの入《はい》った三《みっ》つの図形《ずけい》で構成《こうせい》されていますが，図《ず》を全体的《ぜんたいてき》に見《み》ると，中央《ちゅうおう》に三角《さんかく》形が見《み》えてきます。また③の図《ず》は一見《いっけん》「つぼ」のようですが，左右《さゆう》の輪郭《りんかく》に注《ちゅう》目《もく》すると，人《ひと》の横顔《よこがお》があらわれます。

このように，**形《かたち》の知覚《ちかく》をはじめとするさまざまな心《こころ》のはたらきは，要《よう》素《そ》の置《お》かれ方《かた》を含《ふく》む「環境全体《かんきょうぜんたい》」によって生《しょう》じるとゲシュタルト心理学《しんりがく》では考《かんが》えます。**

ゲシュタルト心理学《しんりがく》の成果《せいか》は，知《ち》覚《かく》を対象《たいしょう》とした「認知心理学《にんちしんりがく》」に受《う》けつがれました。また，個人《こじん》の心理《しんり》だけでなく，個人《こじん》が置《お》かれた社会《しゃかい》や環境《かんきょう》にも目《め》を向《む》ける「社会心理《しゃかいしんり》学」が発展《はってん》するきっかけにもなりました。

①

カニッツァの三角形《さんかくけい》

イタリアの心理学者《しんりがくしゃ》ガエタノ・カニッツァ（1913〜1993）は，このような図形《ずけい》を数多《かずおお》く提案《ていあん》しました。

②

ないものが見《み》える

こちらは多数《たすう》の円錐《えんすい》によって，表《ひょう》面《めん》に張《は》りついた球《きゅう》が知覚《ちかく》されます。

③

見《み》えるのは「つぼ」か，それとも……？

デンマークの心理学者《しんりがくしゃ》エドガー・ルビン（1886〜1951）が考案《こうあん》した「ルビンのつぼ」を参考《さんこう》にえがきました。中央《ちゅうおう》に置《お》かれたつぼの左右《さゆう》の輪郭《りんかく》に注目《ちゅうもく》すると，人《ひと》の横顔《よこがお》が見《み》えてきます。ゲシュタルト心理学《しんりがく》では，輪郭《りんかく》の外側《そとがわ》を背景《はいけい》ととらえるか，それとも内側《うちがわ》を背景《はいけい》ととらえるか，要素《ようそ》が置《お》かれた環境《かんきょう》によって知覚《ちかく》の結果《けっか》がことなると考《かんが》えられたのです。

「心理学」って何だろう

心理学《しんりがく》には さまざまな分野《ぶんや》がある

基礎的《きそてき》なものから実践的《じっせんてき》なものまで 幅広《はばひろ》く研究《けんきゅう》されている！

心理学《しんりがく》には数多《かずおお》くの分野《ぶんや》があります。右《みぎ》の図《ず》は，主《おも》な心理学《しんりがく》の分野《ぶんや》について，心理学全体《しんりがくぜんたい》における位置《いち》づけを示《しめ》したものです。個人《こじん》の心《こころ》を対象《たいしょう》とする分野《ぶんや》を下側《したがわ》に，集団《しゅうだん》や社会《しゃかい》を対象《たいしょう》にした分野《ぶんや》を上側《うえがわ》に示《しめ》しています。また，左側《ひだりがわ》に示《しめ》した分野《ぶんや》ほど基礎的《きそてき》で，右側《みぎがわ》に示《しめ》した分《ぶん》野《や》ほど実践的《じっせんてき》（応用的《おうようてき》）なものです。

これらの分野《ぶんや》のほかにも，人《ひと》の心《こころ》のはたらきは進化《しんか》の過程《かてい》で獲得《かくとく》されたものであると考《かんが》える「進化心理《しんかしんり》学《がく》」や，人《ひと》が置《お》かれた環境《かんきょう》と心《こころ》のかかわりを重視《じゅうし》する「環境心理学《かんきょうしんりがく》」などがあります。また，研究《けんきゅう》に用《もち》いられる手法《しゅほう》で心理学《しんりがく》を区分《くぶん》することもあり，たとえば実験《じっけん》を使《つか》った心理学《しんりがく》はまとめて「実験心理《じっけんしんり》学」とよばれます。

このように大《おお》きく発展《はってん》した今日《こんにち》の心理学《しんりがく》は，さまざまな角度《かくど》から，人《ひと》の心《こころ》のはたらきを科学的《かがくてき》に明《あき》らかにしようとしているのです。

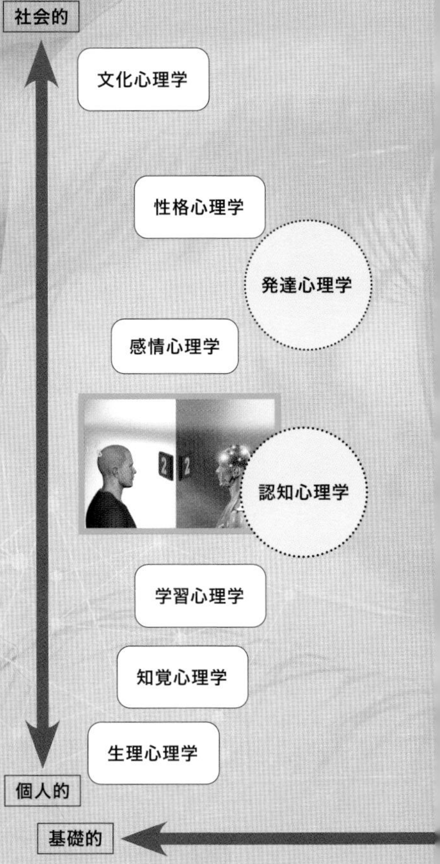

主《おも》な分野《ぶんや》の位置《いち》づけを示《しめ》した「心理学《しんりがく》マップ」

縦軸《たてじく》は個人的《こじんてき》か社会的《しゃかいてき》か，横軸《よこじく》は基礎的《きそてき》か実践的《じっせんてき》かをあらわしています。水色《みずいろ》の円《えん》で示《しめ》した五《いつ》つは，とくに研究者《けんきゅうしゃ》の数《かず》が多《おお》い分野《ぶんや》です。

出典：市川伸一（2002）．心理学って何だろう．北大路書房．を一部改変

Column

コーヒーブレーク

心理《しんり》テストや占《うらな》いが「当《あ》たる」と感《かん》じる理由《りゆう》

心理《しんり》テストや占《うらな》いは，学問《がくもん》としての心理学《しんりがく》とは区別《くべつ》されています（12～13ページ）。しかし，インターネットや雑誌《ざっし》などにある心理《しんり》テストや占《うらな》いをやってみると，「当《あ》たっている」と感《かん》じることがあります。それはいったい，なぜでしょうか？

主《おも》に二《ふた》つの理由《りゆう》が考《かんが》えられます。一《ひと》つは，**人《ひと》には，自分《じぶん》につごうがよい内容《ないよう》や信《しん》じたい内容《ないよう》だけを強《つよ》く覚《おぼ》えておくような性質《せいしつ》があるためです**。これを「確証《かくしょう》バイアス」といいます。たとえば，占《うらな》いで「今日《きょう》はよいことがおこる」といわれた場合《ばあい》，よくないことがたくさんあっても「よいこと」だけが印象《いんしょう》に残《のこ》り，結果的《けっかてき》に「占《うらな》いが当《あ》たった」と判断《はんだん》するのです。

もう一《ひと》つの理由《りゆう》は，心理《しんり》テストや占《うらな》いの結果《けっか》の多《おお》くが，だれにでもあてはまるようなあいまいな内容《ないよう》であるためです。**人《ひと》は，だれにでもあてはまるような内容《ないよう》を，「自分《じぶん》だけにあてはまる」と考《かんが》える傾向《けいこう》があります**。これを「バーナム効果《こうか》」といいます。

心理《しんり》テストや占《うらな》いをエンターテインメントとして楽《たの》しんだり，それによって元気《げんき》づけられたりすること自体《じたい》には価値《かち》があるでしょう。しかし，「心《こころ》のすべてを見《み》すかせる」とうたっているサービスや，有効《ゆうこう》な根拠《こんきょ》がない診断《しんだん》や占《うらな》いは，本物《ほんもの》の心理学《しんりがく》とは別《べつ》ものだと覚《おぼ》えておいてください。

心理学《しんりがく》では相手《あいて》の心《こころ》を見《み》すかせない

心理学《しんりがく》では，多《おお》くの人《ひと》に共通《きょうつう》する心《こころ》の性質《せいしつ》を明《あき》らかにしていくことはできますが，人《ひと》の心《こころ》を見《み》すかすことはできません。相手《あいて》の心《こころ》への理解《りかい》を深《ふか》めるためには，対話《たいわ》を積《つ》み重《かさ》ねる必要《ひつよう》があります。

2

性格《せいかく》と心《こころ》の成長《せいちょう》の心理学《しんりがく》

人《ひと》の性格《せいかく》は，どのようにつくられるのでしょうか。2章《しょう》では，まず心理学《しんりがく》が考《かんが》える「性《せい》格《かく》の特性《とくせい》」や，性格《せいかく》を調《しら》べる方法《ほうほう》などをみていきます。そして後半《こうはん》では，年齢《ねんれい》ごとにあらわれる人《ひと》の心理《しんり》をさぐる「発達心理学《はったつしんりがく》」についてを紹介《しょうかい》します。

人《ひと》の性格《せいかく》をあらわす
五《いつ》つの特性《とくせい》

どんな人《ひと》の特性《とくせい》も
5種類《しゅるい》の単語《たんご》に集約《しゅうやく》されている

ある人《ひと》の性格《せいかく》に，さまざまな特性《とくせい》がどのくらいあてはまっているのかを量的《りょうてき》に考《かんが》える，「特性論《とくせいろん》」という考《かんが》え方《かた》があります。しかし，一口《ひとくち》に性格《せいかく》の特性《とくせい》といっても,「社交的《しゃこうてき》」「怒《おこ》りっぽい」「きれい好《ず》き」など，数限《かずかぎ》りなく思《おも》いつくでしょう。どんな人《ひと》の性格《せいかく》でもあらわせる特性《とくせい》というものは，存在《そんざい》するのでしょうか？

特性論《とくせいろん》にもとづく本格的《ほんかくてき》な性格《せいかく》の理論《りろん》をはじめて組《く》み立《た》てたのは，アメリカの心理学者《しんりがくしゃ》ゴードン・オールポート（1897 ～ 1967）です。オールポートは1930年代《ねんだい》に，当時《とうじ》世界最大級《せかいさいだいきゅう》の英語辞典《えいごじてん》であった『ウェブスター新国際辞典《しんこくさいじてん》』を使《つか》い，「人《ひと》の態度《たいど》や行動《こうどう》に関《かん》する単《たん》語《ご》」を約《やく》1万《まん》8000語《ご》も抜《ぬ》きだして，性格《せいかく》の特性《とくせい》をいくつかに分類《ぶんるい》する研究《けんきゅう》を行《おこな》いました。

1960 ～ 1980年代《ねんだい》には，複数《ふくすう》の研究者《けんきゅうしゃ》による大規模《だいきぼ》な統計《とうけい》やコンピューターを使《つか》った研究《けんきゅう》で，**人《ひと》の性格《せいかく》をあらわす単語《たんご》は「外向《がいこう》性《せい》」「協調性《きょうちょうせい》」「良心性《りょうしんせい》」「情緒安定《じょうちょあんてい》性《せい》」「知性《ちせい》」の5種類《しゅるい》に集約《しゅうやく》できるという結果《けっか》が得《え》られました。**

この5種類《しゅるい》の特性《とくせい》を，「ビッグ・ファイブ」とよびます。言語《げんご》や文《ぶん》化《か》によらず，人間《にんげん》の性格《せいかく》に共通《きょうつう》する性質《せいしつ》なのではないかと考《かんが》えられています。

性格《せいかく》をあらわす
「ビッグ・ファイブ理論《りろん》」

ビッグ・ファイブ理論《りろん》では，人《ひと》の性格《せいかく》を構成《こうせい》するのは，「外向《がいこう》性《せい》」「協調性《きょうちょうせい》」「良心性《りょうしんせい》」「情緒《じょうちょ》安定性《あんていせい》」「知性《ちせい》」の五《いつ》つの特性《とくせい》だと考《かんが》えられています。性格《せいかく》は，この五《いつ》つの特性《とくせい》の「量的《りょうてき》なちがい」であらわされます。

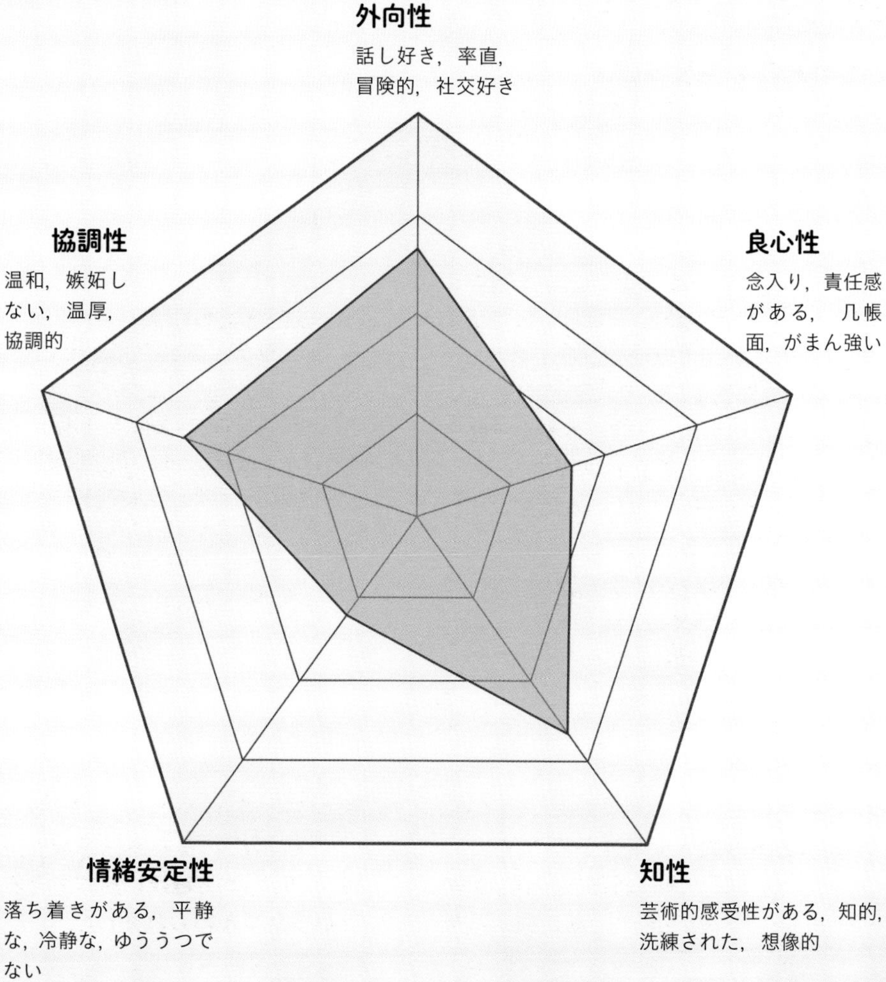
外向性
話し好き，率直，
冒険的，社交好き
良心性
念入り，責任感
がある，几帳
面，がまん強い
知性
芸術的感受性がある，知的，
洗練された，想像的
情緒安定性
落ち着きがある，平静
な，冷静な，ゆううつで
ない
協調性
温和，嫉妬し
ない，温厚，
協調的

性格《せいかく》の30〜50%は遺伝《いでん》でつくられる

残《のこ》りは家庭以外《かていいがい》の環境《かんきょう》が影響《えいきょう》

性《せい》格《かく》をつくる要因《よういん》については諸説《しょせつ》ありますが, おおまかには, 遺伝《いでん》によって性格《せいかく》が決《き》まる「生得説《せいとくせつ》」と, 生誕後《せいたんご》の環境《かんきょう》で性格《せいかく》が築《きず》かれる「経験説《けいけんせつ》」に分《わ》かれます。

チャールズ・ダーウィン（1809〜1882）の進化論《しんかろん》の影響《えいきょう》で, 19世《せい》紀末《きまつ》から20世紀初頭《せいきしょとう》は生得説《せいとくせつ》が支持《しじ》されました。**現在《げんざい》では, 遺伝《いでん》と環境《かんきょう》の両方《りょうほう》の影響《えいきょう》を受《う》けているという,「相互作用説《そうごさようせつ》」が広《ひろ》く受《う》け入《い》れられています。**

性格心理学《せいかくしんりがく》では, 双子《ふたご》を観察《かんさつ》する研究《けんきゅう》がしばしば行《おこな》われます。一《いち》卵性双生児《らんせいそうせいじ》は1個《こ》の受精卵《じゅせいらん》から生《う》まれた双子《ふたご》で, 完全《かんぜん》に同《おな》じ遺伝子《いでんし》をもっています。一方《いっぽう》, 二卵性双《にらんせいそう》生児《せいじ》は2個《こ》の受精卵《じゅせいらん》が母胎内《ぼたいない》で同《どう》時《じ》に育《そだ》った双子《ふたご》で, その遺伝子《いでんし》は普通《ふつう》の兄弟《きょうだい》と同程度《どうていど》しか一致《いっち》しません。

同《おな》じ家庭《かてい》で育《そだ》った双子《ふたご》であれば, 環境《かんきょう》の影響《えいきょう》はほぼ同《おな》じはずです。そこで, 性格《せいかく》の差《さ》を一卵性双生児《いちらんせいそうせいじ》と二卵性双生児《にらんせいそうせいじ》とでくらべれば, 性格《せいかく》に遺伝《いでん》がおよぼす影響《えいきょう》を調《しら》べられます。

右上《みぎうえ》のグラフは, 双子《ふたご》の性格《せいかく》や知的能力《ちてきのうりょく》の類似性《るいじせい》を, 一卵性《いちらんせい》・二《に》卵性《らんせい》それぞれで調《しら》べた結果《けっか》です。この結果《けっか》をもとに, 性格《せいかく》や知的能《ちてきのう》力《りょく》を築《きず》くのに遺伝《いでん》と環境《かんきょう》がどれほど影響《えいきょう》しているかを調《しら》べたのが右《みぎ》下《した》のグラフです。

性格《せいかく》をつくる要素《ようそ》とは

右上《みぎうえ》のグラフでは, すべての項目《こうもく》で一卵性《いちらんせい》のほうが類似度《るいじど》が高《たか》く出《で》ています。右《みぎ》下《した》のグラフの「共有環境《きょうゆうかんきょう》」は双子《ふたご》が同《おな》じように経験《けいけん》した環境《かんきょう》（家庭《かてい》や家族《かぞく》）の影《えい》響《きょう》を,「非共有環境《ひきょうゆうかんきょう》」は双子《ふたご》がちがう経験《けいけん》をした環境《かんきょう》（学校《がっこう》や職場《しょくば》）の影響《えいきょう》を示《しめ》します。これらの結果《けっか》から, 性格《せいかく》や知的能力《ちてきのうりょく》に遺伝《いでん》があたえる影響《えいきょう》は30〜50%だとわかります。なお, 言語能力《げんごのうりょく》や学業成績《がくぎょうせいせき》は家庭《かてい》の影響《えいきょう》が多《おお》くみられます。

双子《ふたご》の性格《せいかく》はどれくらい似《に》ているか？

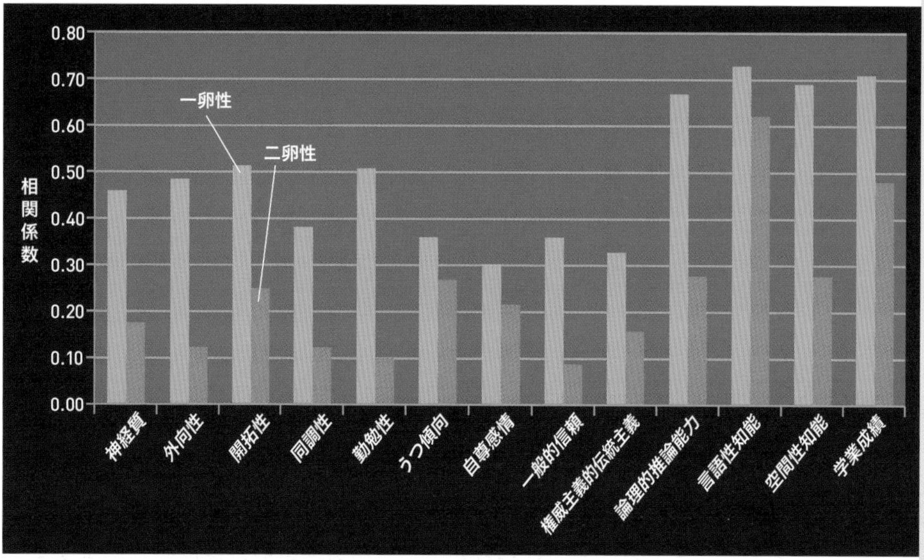

遺伝《いでん》と環境《かんきょう》，共有環境《きょうゆうかんきょう》と非共有環境《ひきょうゆうかんきょう》の影響《えいきょう》は？

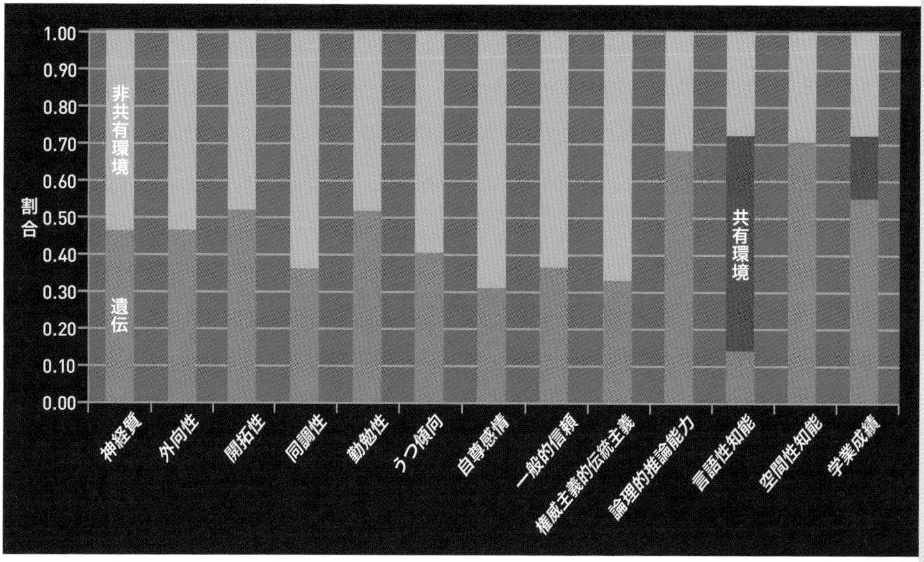

出典：安藤 寿康（2017）．行動の遺伝学－ふたご研究のエビデンスから．日本生理人類学会誌，22巻，2号

注：上のグラフの「神経質」「外向性」「開拓性」「同調性」「勤勉性」は，28～29ページで紹介した「人の性格をあらわす五つの特性」に相当します。「神経質」は「情緒安定性」，「開拓性」は「知性」，「同調性」は「協調性」，「勤勉性」は「良心性」に相当します。

性格《せいかく》を分類《ぶんるい》する方法《ほうほう》とは？

現在《げんざい》の主流《しゅりゅう》は「特性論《とくせいろん》」

類型論《るいけいろん》と特性論《とくせいろん》

類型論《るいけいろん》は性格《せいかく》をいくつかの典型例《てんけいれい》に「タイプ分《わ》け」することで理解《りかい》しようとする考《かんが》え方《かた》です（左《ひだり》）。特性論《とくせいろん》は，人《ひと》の性格《せいかく》に含《ふく》まれる「好奇心《こうきしん》が強《つよ》い」「まじめ」「やさしい」などのさまざまな特性《とくせい》をその人《ひと》がどれだけもっているか，特性《とくせい》ごとに「得点《とくてん》」をつけて量的《りょうてき》にとらえようとするやり方《かた》です（右《みぎ》）。28〜29ページで紹介《しょうかい》したように，いわば，いくつかの特徴《とくちょう》を多角形《たかくけい》であらわす「レーダーチャート」で性格《せいかく》をとらえる方法《ほうほう》といえるでしょう。

類型論《るいけいろん》のイメージ

どの人《ひと》の性格《せいかく》も，決《き》められたタイプに分類《ぶんるい》されるという考《かんが》え方《かた》が「類型論《るいけいろん》」です。

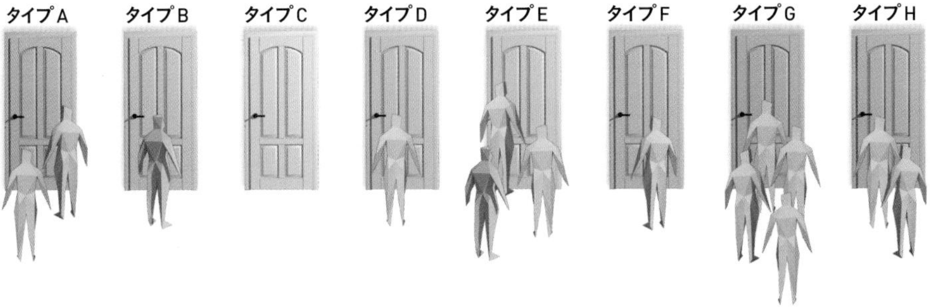

性《せい》格《かく》をとらえる方法《ほうほう》の一《ひと》つに，「タイプ分《わ》け」があります。「○○座《ざ》生《う》まれの人《ひと》は社交的《しゃこうてき》」といった占《うらな》いには科学的根拠《かがくてきこんきょ》がありませんが，人《ひと》がもつさまざまな性格《せいかく》を「○○型《がた》」のようにタイプ（類型《るいけい》）分《わ》けして理解《りかい》しようとするやり方《かた》は，昔《むかし》から心理学《しんりがく》の分野《ぶんや》で行《おこな》われてきました。こうした手法《しゅほう》を「類型論《るいけいろん》」といいます。

類型論《るいけいろん》はシンプルでわかりやすいものですが，人《ひと》がもつ性格《せいかく》をくわしく調《しら》べようとする場合《ばあい》には限界《げんかい》があります。たとえば，「外向的《がいこうてき》」と「内《ない》向的《こうてき》」という類型《るいけい》を用意《ようい》してあてはめるだけでは，両方《りょうほう》の中間《ちゅうかん》に位置《いち》する人《ひと》の性格《せいかく》をあらわすことができません。

そこで，性格《せいかく》にあらわれるさまざまな特性《とくせい》に着目《ちゃくもく》し，それぞれの特性《とくせい》の「量的《りょうてき》なちがい」で性格《せいかく》をあらわす方法《ほうほう》が考《かんが》えだされました。28～29ページで紹介《しょうかい》した「特性論《とくせいろん》」です。**現《げん》在《ざい》の性格心理学《せいかくしんりがく》では，特性論《とくせいろん》にもとづいて性格《せいかく》を分析《ぶんせき》する方法《ほうほう》が主流《しゅりゅう》になっています。**

特性論《とくせいろん》のイメージ

ひとりひとりの中《なか》に，さまざまな特性《とくせい》がことなった量《りょう》だけ存在《そんざい》するという考《かんが》え方《かた》が「特性論《とくせいろん》」です。

他人《たにん》のせいにする人《ひと》，自分《じぶん》のせいにする人《ひと》

どちらに原因《げんいん》を求《もと》めやすいかは人《ひと》によってちがう

私《わたし》たちは日々《ひび》いろいろな体験《たいけん》をします。どのようなできごと（結果《けっか》）も，そこに至《いた》るまでにはさまざまな原因《げんいん》がありますが，何《なに》がいちばんの原因《げんいん》であったと思《おも》うかは，人《ひと》によってそれぞれちがいます。

たとえば「入学試験《にゅうがくしけん》に合格《ごうかく》した」という結果《けっか》について，「自分《じぶん》ががんばって勉強《べんきょう》したからだ」といったように，自分《じぶん》の中《なか》に原因《げんいん》を求《もと》める人《ひと》がいます。一方《いっぽう》，「いつもの年《とし》より試験問題《しけんもんだい》が簡単《かんたん》だったからだ」といったように，自分《じぶん》の外《そと》に原因《げんいん》を求《もと》める人《ひと》もいます。

自分《じぶん》の中《なか》と外《そと》，どちらに原因《げんいん》を求《もと》めやすいかも人《ひと》の性格《せいかく》の特性《とくせい》の一《ひと》つです。ビッグ・ファイブ（28〜29ページ）の大《おお》きな五《いつ》つの特《とく》性《せい》を，さらに細《こま》かく分類《ぶんるい》した小《ちい》さな特性《とくせい》のようなものだといえます。

どちらの特性《とくせい》にもよい面《めん》と悪《わる》い面《めん》がある

自分《じぶん》の中《なか》と外《そと》，どちらに原因《げんいん》を求《もと》めるほうがよいというものではありません。たとえば自分《じぶん》の中《なか》に原因《げんいん》を求《もと》めやすい人《ひと》はポジティブな考《かんが》え方《かた》をもちやすいといえますし，一方《いっぽう》でよい結果《けっか》が出《で》たのはすべて自分《じぶん》のおかげだと自己中心的《じこちゅうしんてき》に考《かんが》えやすいともいえます。「原因《げんいん》の所在《しょざい》」をどこに求《もと》めるかは，心《こころ》の健康《けんこう》とも大《おお》きく関係《かんけい》してくるのです。

どちらの特性《とくせい》にあてはまりやすいかは文化《ぶんか》の影響《えいきょう》も大《おお》きく，アメリカ人《じん》は日本人《にほんじん》にくらべて，自分《じぶん》の中《なか》に原因《げんいん》を求《もと》める傾向《けいこう》が強《つよ》いといわれています。

性格《せいかく》はさまざまな方法《ほうほう》で調《しら》べられる

アンケート方式《ほうしき》で答《こた》える「質問紙調査法《しつもんしちょうさほう》」が最《もっと》も一般的《いっぱんてき》

	●下の文は不安なことがおきたときの考え方についての記述です。それぞれの項目を読んで，確実にできると思うものには「4」，まあまあできると思うものには「3」，あまりできないと思うものには「2」，まったくできないと思うものには「1」と，右の応答欄のあてはまる数字を○で囲んでください。	確実にできると思う まあまあできると思う あまりできないと思う まったくできないと思う
1	そのことが自分にとって何を意味しているのか落ち着いて考えられる	1 - 2 - 3 - 4
2	そのような状態になる根拠を冷静に考え，ずっとこの状態がつづくわけではないと思える	1 - 2 - 3 - 4
3	そうなった理由をいくつか考えられる	1 - 2 - 3 - 4
4	どうしたらよいか，思考や行動の選択肢をいくつか考えられる	1 - 2 - 3 - 4
5	よい気分はしないけれど，破局的には考えない	1 - 2 - 3 - 4
6	そのような状態から引きおこされると考えられる悪い結果が頭に浮かんでも，それは自分の想像によるものだと思う	1 - 2 - 3 - 4
7	その状況のよい面と悪い面を考え，行動の可能性をさぐることができると思う	1 - 2 - 3 - 4
8	そのような状況でも明るい希望をもち，逆境を自分の利益にかえられると思う	1 - 2 - 3 - 4
9	自分の状況のとらえ方，ものの見方のくせについて考える	1 - 2 - 3 - 4
10	その状況から悪い連想を発展させない	1 - 2 - 3 - 4
11	問題を解決するような想像をする	1 - 2 - 3 - 4
12	その状況を深刻に考えてしまうとき，いったん考えるのをやめられる	1 - 2 - 3 - 4

質問紙調査法《しつもんしちょうさほう》

性格《せいかく》を調《しら》べる手法《しゅほう》として最《もっと》も広《ひろ》く使《つか》われる「質問紙調査法《しつもんしちょうさほう》」の解答用紙《かいとうようし》の一例《いちれい》です。たくさんの質問項目《しつもんこうもく》に自分《じぶん》がどの程度《ていど》あてはまるかを回答《かいとう》してもらい，結果《けっか》を統計的《とうけいてき》に処理《しょり》することで，その人《ひと》の性格特性《せいかくとくせい》を測定《そくてい》します。回答者《かいとうしゃ》がわざと回答内容《かいとうないよう》をゆがめたりしても正《ただ》しい測定《そくてい》ができるように，質問項目《しつもんこうもく》の並《なら》べ方《かた》や統計処理《とうけいしょり》の方法《ほうほう》がくふうされています。

人《ひと》の性格《せいかく》をつかむ手法《しゅほう》に，「性格《せいかく》検査《けんさ》」があります。**性格検査《せいかくけんさ》で最《もっと》も一般的《いっぱんてき》な方法《ほうほう》は，たくさんの質問《しつもん》を3択《たく》や5段階評価《だんかいひょうか》などで答《こた》えてもらう「質問紙調査法《しつもんしちょうさほう》」です**（左《ひだり》下《した》）。また，数字《すうじ》をくりかえし足《た》すような単純作業《たんじゅんさぎょう》を行《おこな》ってもらい，その結果《けっか》から性格《せいかく》を分析《ぶんせき》する「作業検《さぎょうけん》査法《さほう》」とよばれる方法《ほうほう》もあります（右下《みぎした》）。

調《しら》べる対象《たいしょう》が赤《あか》ちゃんや子供《こども》の場《ば》合《あい》は，行動《こうどう》を観察《かんさつ》することで性格《せいかく》をつかむ「観察法《かんさつほう》」が使《つか》われます。さらに，相手《あいて》と直接面談《ちょくせつめんだん》し，受《う》け答《こた》えの内容《ないよう》や行動《こうどう》から性格《せいかく》を調《しら》べる「面接《めんせつ》法《ほう》」もあります。

ほかにも，「インクのしみ」などのあいまいな形《かたち》を見《み》せて，自由《じゆう》な反応《はんのう》を引《ひ》きだして性格《せいかく》を調《しら》べる「投映《とうえい》法《ほう》」があります。スイスの精神分析《せいしんぶんせき》家《か》ヘルマン・ロールシャッハ（1884～1922）が1920年代《ねんだい》に考案《こうあん》した「ロールシャッハ・テスト」が有名《ゆうめい》ですが，回答内容《かいとうないよう》を客観的《きゃっかんてき》にあつかえないなどの理由《りゆう》から，現在《げんざい》では使用《しよう》が限《かぎ》られています。

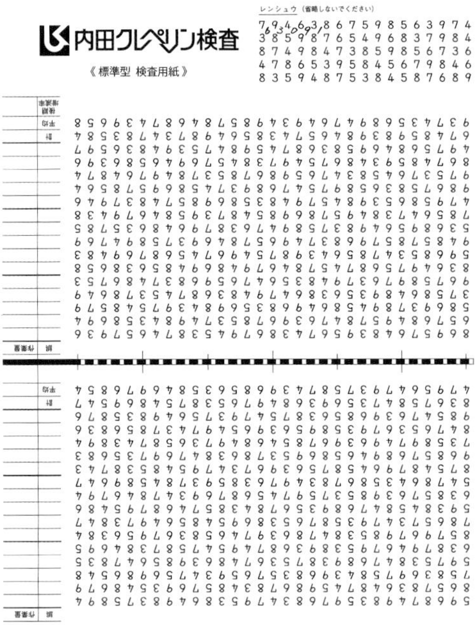

内田《うちだ》クレペリン精神検査《せいしんけんさ》

作業検査法《さぎょうけんさほう》の一種《いっしゅ》である「内田《うちだ》クレペリン精神検査《せいしんけんさ》」の検査用紙《けんさようし》です。用紙《ようし》に印刷《いんさつ》された1けたの数字《すうじ》を足《た》して，答《こた》えの下《しも》1けたを記入《きにゅう》する，という作業《さぎょう》を1分間《ふんかん》つづけ，これを15分《ふん》ずつ2回行《かいおこな》います。1分《ふん》ごとの作業量《さぎょうりょう》の変化《へんか》のようすや計算《けいさん》まちがいの量《りょう》から，その人《ひと》の性格《せいかく》や行動《こうどう》の特徴《とくちょう》を測定《そくてい》します。（提供《ていきょう》：日本《にほん》・精神《せいしん》技術研究所《ぎじゅつけんきゅうじょ》）

性格《せいかく》は変《か》えられるか？

根本的《こんぽんてき》な部分《ぶぶん》は変《か》わらない
という考《かんが》え方《かた》が有力《ゆうりょく》

人《ひと》の性格《せいかく》と，人《ひと》を取《と》り巻《ま》く状況《じょうきょう》の関係《かんけい》

性格《せいかく》の分析《ぶんせき》や性格検査《せいかくけんさ》を行《おこな》う背景《はいけい》には，「人《ひと》の性格《せいかく》は一貫《いっかん》していて，時間《じかん》がたって状況《じょうきょう》が変《か》わっても，変化《へんか》することはない」という前提《ぜんてい》があるといえます。これに対《たい》して，アメリカの心理学者《しんりがくしゃ》ウォルター・ミッシェル（1930〜2018）は1968年《ねん》に，性格《せいかく》は状況《じょうきょう》に応《おう》じて変《か》わりうるもので，一貫《いっかん》した性格《せいかく》というものは存在《そんざい》しないと主張《しゅちょう》しました。この議論《ぎろん》は「一貫性論争《いっかんせいろんそう》」とよばれ，人《ひと》の性格《せいかく》と人《ひと》を取《と》り巻《ま》く状況《じょうきょう》との関係《かんけい》については，現在《げんざい》もさまざまな考《かんが》え方《かた》があります。

「性《せい》格《かく》の変化《へんか》」については，さまざまな考《かんが》え方《かた》があります。たとえば，ふだん温厚《おんこう》な人《ひと》が車《くるま》を運《うん》転《てん》すると急《きゅう》に攻撃的《こうげきてき》になることがあります。このように，状況《じょうきょう》によって性格《せいかく》が変化《へんか》することを「モード性《せい》格《かく》」とよぶ研究者《けんきゅうしゃ》もいます。また，最《さい》愛《あい》の人《ひと》を亡《な》くすなどの重大《じゅうだい》なできごとをきっかけに性格《せいかく》が変《か》わったようにみえることもあり，これを「『爪《つめ》痕《あと》』による性格《せいかく》の変化《へんか》」とよぶこともあります。

人《ひと》の性格《せいかく》は，たくさんの「層《そう》」からできていると考《かんが》えられます。今《いま》たとえたような現象《げんしょう》は，性格《せいかく》のごく表層《ひょうそう》的《てき》な部分《ぶぶん》だけが変《か》わったもので，根《こん》本的《ぽんてき》な部分《ぶぶん》は変《か》わらないという考《かんが》え方《かた》が有力《ゆうりょく》です。

臨床心理学《りんしょうしんりがく》の分野《ぶんや》では，自分《じぶん》の性《せい》格《かく》のせいで生《い》きづらい思《おも》いをしている人《ひと》に対《たい》しても，性格《せいかく》を変《か》えることを考《かんが》えるよりも自分《じぶん》の性格《せいかく》を正《ただ》しくとらえ，自分自身《じぶんじしん》と周囲《しゅうい》の人々《ひとびと》や社《しゃ》会《かい》との間《あいだ》で折《お》り合《あ》いをつけながら生《い》きていく方法《ほうほう》を考《かんが》えるアプローチが主流《しゅりゅう》になっています。

Column

コーヒーブレーク

いいわけをつくる心理《しんり》

試《し》験《けん》の前日《ぜんじつ》に遅《おそ》くまでゲームをしたり，いつもはやらない部《へ》屋《や》の掃除《そうじ》をしたりすることがあります。こうした行為《こうい》を心理学《しんりがく》では，「セルフ・ハンディキャッピング」といいます。

これは自分《じぶん》に自信《じしん》がなく，「失敗《しっぱい》しても傷《きず》つかないように予防線《よぼうせん》を張《は》っておこう」という心理《しんり》からおこるものです。**あえてみずからにハンディキャップを課《か》すことで，たとえ失《しっ》敗《ぱい》してもいいわけをすることができ，逆《ぎゃく》に成功《せいこう》した場合《ばあい》は，「ハンディキャップがあったにもかかわらず成功《せいこう》した」と自分《じぶん》への評価《ひょうか》を高《たか》めることができます。**

また，試験前《しけんまえ》に「ぜんぜん勉強《べんきょう》していない」「体調《たいちょう》が悪《わる》い」などと周囲《しゅうい》に発言《はつげん》した経験《けいけん》はないでしょうか。これもセルフ・ハンディキャッピングの一《ひと》つといえます。

これらの心理《しんり》が過剰《かじょう》になると，失《しっ》敗《ぱい》しやすくなる行動《こうどう》をみずから無意《むい》識《しき》にとってしまうようになるため，注意《ちゅうい》が必要《ひつよう》です。

セルフ・ハンディキャッピング

試験《しけん》の前日《ぜんじつ》に，あえてゲームや部屋《へや》の掃除《そうじ》をしてしまう行為《こうい》がこれにあたります。失敗《しっぱい》したときのいいわけにしたいという心理《しんり》が無意識《むいしき》に行動《こうどう》させているのです。これが過剰《かじょう》になると，失敗《しっぱい》しやすくなる行動《こうどう》をとってしまうだけでなく，失敗《しっぱい》しても自己評価《じこひょうか》が下《さ》がりにくくなるため，向上心《こうじょうしん》が育《そだ》たなくなるおそれがあります。

人《ひと》は生《う》まれながらに コミュニケーション能力《のうりょく》をもつ

赤《あか》ちゃんが大人《おとな》のまねをする理由《りゆう》

ここからは「発達心理学《はったつしんりがく》」の話《はなし》をします。発達心理学《はったつしんりがく》とは，人《ひと》が生《う》まれてから大人《おとな》になり，さらに年《とし》をとるまでの間《あいだ》に，どのように心《こころ》が変化《へんか》していくのかを考《かんが》える心理学《しんりがく》です。

まずは赤《あか》ちゃんの「心《こころ》」について考《かんが》えましょう。生《う》まれてわずか数週間《すうしゅうかん》の赤《あか》ちゃんに向《む》かって，大人《おとな》が笑《わら》ったり，舌《した》を出《だ》したり，しかめっ面《つら》をしてみせたりすると，赤《あか》ちゃんはその表情《ひょうじょう》をまねることがあります。この現象《げんしょう》を，アメリカの心理学者《しんりがくしゃ》アンドリュー・メルツォフ（1950～）らは1977年《ねん》に「新生児模倣《しんせいじもほう》」と名《な》づけました。

親《おや》などの大人《おとな》は，表情《ひょうじょう》をまねる赤《あか》ちゃんを見《み》て，好意的《こういてき》な感情《かんじょう》をいだきます。その結果《けっか》，大人《おとな》は進《すす》んで赤《あか》ちゃんの世話《せわ》をするようになります。**メルツォフらは，新生《しんせい》児模倣《じもほう》が人間《にんげん》が生《う》まれながらにしてもっている未熟《みじゅく》なコミュニケーション能力《のうりょく》であると考《かんが》えました。**

生《う》まれたばかりの赤《あか》ちゃんは，大人《おとな》が「べーっ」っと舌《した》を出《だ》したとき，それと同《おな》じものが自分《じぶん》の口《くち》の中《なか》にもあることを理解《りかい》していないはずです。それにもかかわらず，赤《あか》ちゃんは目《め》の前《まえ》にいる大人《おとな》が出《だ》した舌《した》を見《み》ただけで，それを自分《じぶん》の舌《した》に対応《たいおう》づけて動《うご》かす能力《のうりょく》を，生《う》まれつきもっているのです。

新生児模倣《しんせいじもほう》に関《かん》する研究《けんきゅう》は，多《おお》くの発達心理学者《はったつしんりがくしゃ》によって行《おこな》われました。その一方《いっぽう》で，新生児模倣《しんせいじもほう》の一部《いちぶ》は，見《み》かけ上《じょう》模倣《もほう》のようにみえているだけではないかという意見《いけん》もあり，現在《げんざい》でも議論《ぎろん》がつづいています。

大人《おとな》の共感《きょうかん》を得《え》るため？

大人《おとな》が口《くち》を開《あ》けているのを見《み》た赤《あか》ちゃんが，同《おな》じように口《くち》を開《あ》け，表情《ひょうじょう》をまねているようすです。心理学者《しんりがくしゃ》メルツォフは，新生児模倣《しんせいじもほう》が大人《おとな》からポジティブな反応《はんのう》を得《え》るために生《う》まれつきそなわったコミュニケーション能力《のうりょく》であると主張《しゅちょう》し，心理学者《しんりがくしゃ》の間《あいだ》で議論《ぎろん》がつづいています。

人生《じんせい》には八《やっ》つの発達段階《はったつだんかい》がある

乗《の》りこえるべき課題《かだい》がくりかえし発生《はっせい》する

エリクソンのライフサイクル論《ろん》

下《した》に，「乳児期《にゅうじき》」から「学童期《がくどうき》」までの危機《きき》と課題《かだい》を示《しめ》しました。「青《せい》年期《ねんき》」から「老年期《ろうねんき》」については，46〜47ページで説明《せつめい》します。

1. 乳児期《にゅうじき》（0 〜 2歳《さい》ごろ）

親《おや》などの養育者《よういくしゃ》や，はじめて出会《であ》う外《そと》の世界《せかい》に対《たい》して「不信《ふしん》」をいだいてしまうことが危機《きき》であり，それらを「信《しん》頼《らい》」できるかが課題《かだい》です。

2. 幼児期初期《ようじきしょき》（2 〜 4歳《さい》ごろ）

失敗《しっぱい》して感《かん》じる「恥《はじ》」が危機《きき》です。トイレトレーニングでの成功体験《せいこうたいけん》などを通《つう》じて，自分《じぶん》でできるという「自律性《じりつせい》」を獲得《かくとく》できるかが課題《かだい》です。

初《しょ》期《き》の心理学《しんりがく》では，人《ひと》の心理《しんり》は，未完成《みかんせい》な段階《だんかい》から大人《おとな》になると完成《かんせい》し，大人《おとな》になったあとは機能《きのう》が低下《ていか》していくだけだと考《かんが》えられていました。そのため，まず幼児期《ようじき》や青年期《せいねんき》の心理《しんり》が注目《ちゅうもく》され，つづいてほかのステージにおける心理《しんり》の研《けん》究《きゅう》がはじまりました。

その後《ご》，胎児《たいじ》の時期《じき》から老《お》いて死《し》にゆくまでの「人《ひと》の一生《いっしょう》の心《こころ》の変《へん》化《か》」を連続《れんぞく》してとらえ，理解《りかい》しようとする考《かんが》え方《かた》が出《で》てきました。それが，「生涯発達心理学《しょうがいはったつしんりがく》」です。

アメリカの発達心理学者《はったつしんりがくしゃ》エリック・エリクソン（1902 ～ 1994）は，「人《ひと》には生涯《しょうがい》にわたって体《からだ》，および自身《じしん》を取《と》り巻《ま》く環境《かんきょう》の変化《へんか》があり，乗《の》りこえるべき課題《かだい》がくりかえし発《はっ》生《せい》する」という視点《してん》をもっていました。その視点《してん》からエリクソンは独自《どくじ》のライフサイクル論《ろん》を提唱《ていしょう》し，**人《ひと》の一生《いっしょう》を「乳児期《にゅうじき》」「幼児期初期《ようじきしょき》」「遊《ゆう》戯期《ぎき》」「学童期《がくどうき》」「青年期《せいねんき》」「前成人《ぜんせいじん》期《き》」「成人期《せいじんき》」「老年期《ろうねんき》」の八《やっ》つの段《だん》階《かい》に分《わ》けました。そして，各段階《かくだんかい》それぞれに「危機《きき》」と「課題《かだい》」があると考《かんが》えたのです。**

3. 遊戯期《ゆうぎき》（5 ～ 8歳《さい》ごろ）

大人《おとな》から否定《ひてい》されることによる「罪悪《ざいあく》感《かん》」が危機《きき》です。やってみたことが大人《おとな》からほめられることを通《つう》じて「自発性《じはつせい》」を獲得《かくとく》できるかが課題《かだい》です。

4. 学童期《がくどうき》（9 ～ 12歳《さい》ごろ）

学業《がくぎょう》やスポーツなどがうまくいかずに感《かん》じる「劣等感《れっとうかん》」が危機《きき》です。努力《どりょく》が報《むく》われる体験《たいけん》などを通《つう》じて「勤勉性《きんべんせい》」を獲得《かくとく》できるかが課題《かだい》です。

性格と心の成長の心理学

心《こころ》の発達《はったつ》は大人《おとな》になってもつづく

発達心理学《はったつしんりがく》は生涯《しょうがい》を通《つう》じた理論《りろん》に発展《はってん》した

人《ひと》の心《こころ》は生涯《しょうがい》，成長《せいちょう》しつづける

「青年期《せいねんき》」から「老年期《ろうねんき》」までの危機《きき》と課題《かだい》を示《しめ》しました。人《ひと》は，年齢《ねんれい》とともに変《か》わりゆく自分《じぶん》の体《からだ》とうまく付《つ》き合《あ》い，まわりの環境《かんきょう》に適応《てきおう》して心《こころ》を変化《へんか》させながら生《い》きていきます。

5. 青年期《せいねんき》（13 ～ 18歳《さい》ごろ）

自分《じぶん》がどういう人間《にんげん》かについて悩《なや》み，混乱《こんらん》する「同一性拡散《どういつせいかくさん》」が危機《きき》です。それを乗《の》りこえて，「アイデンティティ」を獲得《かくとく》できるかが課題《かだい》です。

6. 前成人期《ぜんせいじんき》（19 ～ 39歳《さい》ごろ）

よい人間関係《にんげんかんけい》が築《きず》けずに「孤立《こりつ》」することが危機《きき》です。たがいに尊重《そんちょう》できる友人《ゆうじん》やパートナーとの「親密性《しんみつせい》」を獲《かく》得《とく》できるかが課題《かだい》です。

発達心理学《はったつしんりがく》は，「発達《はったつ》」という言葉《ことば》からも，体《からだ》や脳《のう》の機能《きのう》が向上《こうじょう》していく子供《こども》から大人《おとな》に至《いた》るまでの時期《じき》をイメージしやすいと思《おも》います。たしかに初期《しょき》の発達心理学《はったつしんりがく》は，主《おも》に児童《じどう》を対象《たいしょう》としたものでした。

しかし，44ページから紹介《しょうかい》している「エリクソンのライフサイクル論《ろん》」をきっかけに，発達心理学《はったつしんりがく》は大人《おとな》や老後《ろうご》も含《ふく》めたすべての年齢段階《ねんれいだんかい》をあつかう分野《ぶんや》へと発展《はってん》しました。**人《ひと》は年《とし》をとるごとに変《か》わりゆく自分《じぶん》の体《からだ》とうまく付《つ》き合《あ》い，まわりの環境《かんきょう》に適応《てきおう》していきます。そして，それまでの経験《けいけん》を生《い》かして新《あら》たな人生《じんせい》を切《き》り開《ひら》いていきます。**したがって，人《ひと》の心《こころ》は生涯《しょうがい》を通《とお》して発達《はったつ》していると考《かんが》えられるのです。

なお，青年期《せいねんき》の課題《かだい》である「アイデンティティ」は，エリクソンが提唱《ていしょう》した概念《がいねん》です。アイデンティティについては次《つぎ》のページで説明《せつめい》しますが，この概念《がいねん》を提唱《ていしょう》したことで，エリクソンの名前《なまえ》は世《よ》の中《なか》に広《ひろ》く知《し》られるようになりました。

7. 成人期《せいじんき》（40 ～ 59歳《さい》ごろ）

心《こころ》の発達《はったつ》の「停滞《ていたい》」が危機《きき》です。子《こ》や孫《まご》を育《そだ》てたり，社会《しゃかい》にかかわったりして，次《つぎ》の世代《せだい》に意識《いしき》を向《む》ける「世代性《せだいせい》」を獲得《かくとく》できるかが課題《かだい》です。

8. 老年期《ろうねんき》（60歳《さい》ごろ以降《いこう》）

自分《じぶん》の人生《じんせい》について後悔《こうかい》をいだき，「絶望《ぜつぼう》」することが危機《きき》です。自分《じぶん》の人生《じせい》を肯定的《こうていてき》に受《う》け入《い》れる「統合性《とうごうせい》」を獲得《かくとく》できるかが課題《かだい》です。

『自分《じぶん》とは何《なに》か』思《おも》い悩《なや》む思春期《ししゅんき》

「アイデンティティ」の確立《かくりつ》が課題《かだい》

中《ちゅう》学生《がくせい》や高校生《こうこうせい》くらいになると，体《からだ》が急激《きゅうげき》に変化《へんか》し，自分自身《じぶんじしん》の過去《かこ》からのつながりを感《かん》じにくくなります。友人《ゆうじん》との関係《かんけい》や恋愛《れんあい》に悩《なや》んだり，進学《しんがく》や就職《しゅうしょく》など人生《じんせい》の選択《せんたく》をせまられたりして，ゆううつになることもあります。

エリクソンの発達段階《はったつだんかい》によると13～18歳《さい》は「青年期《せいねんき》」にあたり（46ページ），自分《じぶん》が何者《なにもの》であるかわからなくなる「同一性拡散《どういつせいかくさん》」という危《き》機《き》があります。その危機《きき》を乗《の》りこえ，「アイデンティティ」を確立《かくりつ》することが課題《かだい》となります。

アイデンティティは「自我同一《じがどういつ》性《せい》」と訳《やく》されます。「自分《じぶん》とはこういう人間《にんげん》である」と自覚《じかく》でき，「現在《げんざい》の自分《じぶん》と将来《しょうらい》の自分《じぶん》は同《おな》じ存在《そんざい》である」と実感《じっかん》することが，アイデンティティの確立《かくりつ》です。

アイデンティティを確立《かくりつ》できれば，10年後《ねんご》，20年後《ねんご》の自分《じぶん》を考《かんが》えて，今《いま》の自分《じぶん》の行《おこな》いに責任《せきにん》がもてるようになるとエリクソンは考《かんが》えました。

アイデンティティの確立《かくりつ》

思春期《ししゅんき》（エリクソンの発達段階《はったつだんかい》における青年期《せいねんき》）の心《こころ》は，自分《じぶん》が何者《なにもの》であるかがわからなくなる危機《きき》におちいります。アイデンティティを確立《かくりつ》することで，心《こころ》を発達《はったつ》させることができま

なりたい自分《じぶん》になる！欲求《よっきゅう》のピラミッド

低《ひく》い欲求《よっきゅう》が満《み》たされると，より高《たか》い欲求《よっきゅう》が生《う》まれる

アメリカの心理学者《しんりがくしゃ》アブラハム・マズロー（1908～1970）は，**人間《にんげん》の欲求《よっきゅう》は五《いつ》つの階層《かいそう》からなり，低《ひく》い階層《かいそう》の欲求《よっきゅう》が満《み》たされてはじめて，より高《たか》い階層《かいそう》の欲求《よっきゅう》が生《う》まれると主張《しゅちょう》しました。これは「欲求《よっきゅう》5段階説《だんかいせつ》」とよばれます。**

最《もっと》も低《ひく》い階層《かいそう》の欲求《よっきゅう》は「生理的《せいりてき》欲求《よっきゅう》」です。眠《ねむ》りたい，食《た》べたい，排《はい》せつしたいといった，命《いのち》にかかわる欲求《よっきゅう》です。それが満《み》たされると，2階層目《かいそうめ》の「安全《あんぜん》の欲求《よっきゅう》」が生《しょう》じます。身《み》の安全《あんぜん》が確保《かくほ》されているという安心感《あんしんかん》を求《もと》める欲求《よっきゅう》です。これが満《み》たされたあとに生《しょう》じるのが，3階層目《かいそうめ》の「所属《しょぞく》と愛《あい》の欲求《よっきゅう》」です。集団《しゅうだん》に所属《しょぞく》することで孤独《こどく》をさけ，パートナーなどとの親密《しんみつ》な人間関係《にんげんかんけい》を築《きず》きたいという欲《よっ》求《きゅう》です。

4階層目《かいそうめ》は「承認欲求《しょうにんよっきゅう》」です。まわりの人《ひと》から認《みと》められたい，社会《しゃかい》の中《なか》で高《たか》い評価《ひょうか》を得《え》たい，という欲求《よっきゅう》です。SNSで自分《じぶん》の投稿《とうこう》にたくさんの「いいね！」がほしいと思《おも》うのは，承認欲求《しょうにんよっきゅう》の一種《いっしゅ》といえるでしょう。

そして，最《もっと》も高《たか》い5階層目《かいそうめ》が「自己実現《じこじつげん》の欲求《よっきゅう》」です。自己実現《じこじつげん》とは，周囲《しゅうい》からの評価《ひょうか》とは無関係《むかんけい》に，「こうなりたい」と思《おも》う自分《じぶん》になることです。しかし，**自己実現《じこじつげん》を果《は》たせる人《ひと》は，全人口《ぜんじんこう》の1～2%といわれています。**

マズローの「欲求《よっきゅう》5段階説《だんかいせつ》」とは

マズローがとなえた「欲求《よっきゅう》5段階《だんかい》説《せつ》」を，ピラミッドに見立《みた》てて表《ひょう》現《げん》しました。より高《たか》い階層《かいそう》の欲求《よっきゅう》は，その下《した》にある階層《かいそう》の欲求《よっきゅう》が満《み》たされてはじめて生《しょう》じるとマズローは考《かんが》えました。

5. 自己実現《じこじつげん》の欲求《よっきゅう》

自分《じぶん》の可能性《かのうせい》を最大限《さいだいげん》に引《ひ》きだすことで，なりたいと思《おも》う自分《じぶん》になることを望《のぞ》む欲求《よっきゅう》です。

4. 承認欲求《しょうにんよっきゅう》

社会《しゃかい》の中《なか》でよい評価《ひょうか》を得《え》ることによって自尊心《じそんしん》を満《み》たし，他者《たしゃ》からも尊重《そんちょう》されたいと願《ねが》う欲求《よっきゅう》です。

3. 所属《しょぞく》と愛《あい》の欲求《よっきゅう》

集団《しゅうだん》や社会《しゃかい》に所属《しょぞく》することで，孤独《こどく》をさけようとする欲求《よっきゅう》です。友人《ゆうじん》や恋愛《れんあい》のパートナー，家族《かぞく》との充実《じゅうじつ》した人間関係《にんげんかんけい》を得《え》たいという欲求《よっきゅう》も含《ふく》まれます。

2. 安全《あんぜん》の欲求《よっきゅう》

危険《きけん》をさけ，安全《あんぜん》な生活《せいかつ》を送《おく》りたいと考《かんが》える欲求《よっきゅう》です。雇用《こよう》を得《え》て，経済的《けいざいてき》に安定《あんてい》することを望《のぞ》む欲求《よっきゅう》も含《ふく》まれます。

1. 生理的欲求《せいりてきよっきゅう》

食欲《しょくよく》・睡眠欲《すいみんよく》・性欲《せいよく》などの，生《い》き物《もの》として本能的《ほんのうてき》に生《しょう》じる欲求《よっきゅう》です。痛《いた》さや寒《さむ》さからのがれたいといった欲求《よっきゅう》も含《ふく》まれます。

Column

コーヒーブレーク

日本人《にほんじん》は匿名《とくめい》で SNSを利用《りよう》しがち

右《みぎ》のグラフは，世界的《せかいてき》に利用《りよう》者《しゃ》が多《おお》い四《よっ》つのSNSについて，日本《にほん》・アメリカ・ドイツ・イギリスにおける利用率《りようりつ》を示《しめ》したものです※。日本《にほん》における月間利用《げっかんりよう》者数《しゃすう》は，ラインが約《やく》8900万人《まんにん》，ツイッターが約《やく》4500万人《まんにん》にもなっています。

国《くに》によって人気《にんき》のSNSはことなります。日本《にほん》ではライン，ツイッター，フェイスブック，インスタグラムの順《じゅん》に利用率《りようりつ》が高《たか》くなっています。日本《にほん》では60%をこえる利用率《りようりつ》をほこるラインですが，アメリカやドイツ，イギリスではそこまで利用率《りようりつ》が高《たか》くありません。一方《いっぽう》，日本《にほん》では利用率《りようりつ》40%程度《ていど》のフェイスブックは，ほかの国《くに》では80%前後《ぜんご》にもなります。

SNSを何《なに》に利用《りよう》するかについても，国《くに》によってちがいがみられました。日本《にほん》ではフェイスブックで情報発信《じょうほうはっしん》を行《おこな》う人《ひと》の割合《わりあい》（グラフの緑色《みどりいろ》と黄緑色《きみどりいろ》）が，ほかの国《くに》とくらべて非常《ひじょう》に低《ひく》くなっています。フェイスブックは，基本的《きほんてき》に実名《じつめい》で利用《りよう》するSNSです。**実名《じつめい》で積極的《せっきょくてき》に情報《じょうほう》を発信《はっしん》する人《ひと》が多《おお》い海外《かいがい》にくらべて，日本《にほん》では情報《じょうほう》発信《はっしん》よりも情報収集《じょうほうしゅうしゅう》のためにSNSを利用《りよう》する人《ひと》が多《おお》い状況《じょうきょう》がみてとれます。**

また，ツイッターにおいても，日《に》本《ほん》ではほかの国《くに》にくらべて匿名《とくめい》の利用者《りようしゃ》の割合《わりあい》が多《おお》いといわれています。

※：各国とも70歳未満の1000人へのアンケート調査結果［出典：総務省「ICTによるインクルージョンの実現に関する調査研究」(2018)］。

各国《かくこく》のSNS利用率《りようりつ》

基本的《きほんてき》に実名《じつめい》で利用《りよう》するフェイスブックの利用率《りようりつ》は，日本《にほん》では40%程度《ていど》ですが，ほかの国《くに》では80%前後《ぜんご》もあります。また，日本《にほん》では情報発信《じょうほうはっしん》よりも情報収集《じょうほうしゅうしゅう》のためにSNSを利用《りよう》する人《ひと》が多《おお》いことがわかります。

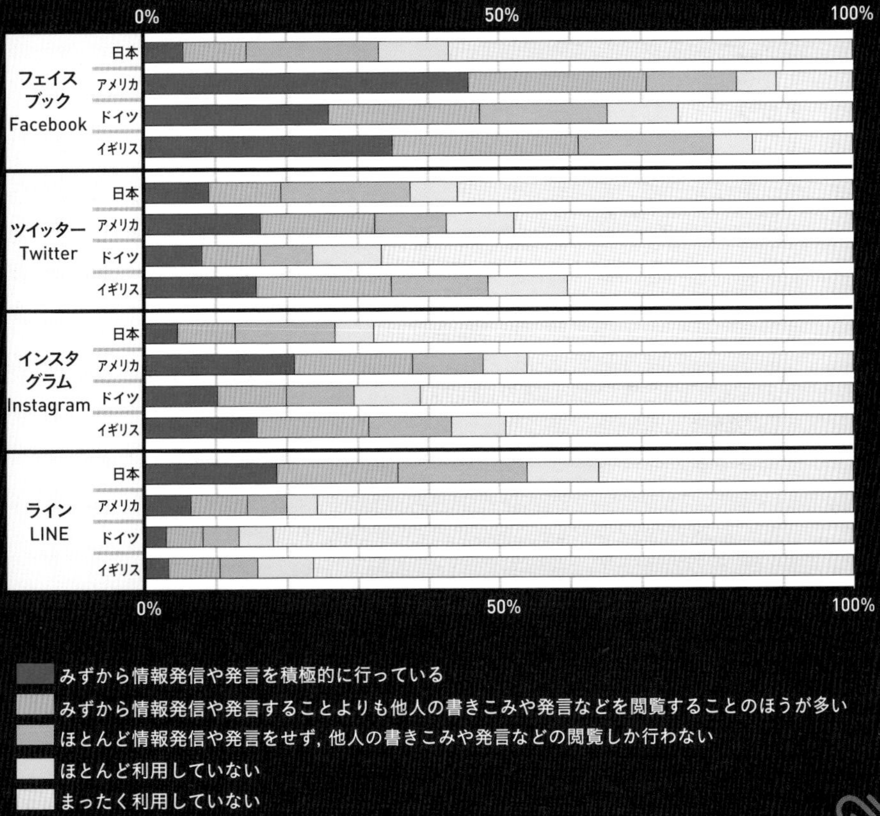

3

人間関係《にんげんかんけい》の心理学《しんりがく》

ついまわりに合《あ》わせてしまったり，根《ね》も歯《は》もないうわさを信《しん》じてしまうのはなぜでしょうか？　どうすれば人《ひと》に好意《こうい》をいだかれるのでしょうか？　3章《しょう》では，人間関係《にんげんかんけい》を通《とお》したさまざまな場面《ばめん》で，心《こころ》がどうはたらくのかをみていきます。

まるで果物
そのものみたい！
レモンジュース
新発売
まるで果物
そのものみたい！
レモン
ジュース
新発売

思《おも》わずまわりに合《あ》わせてしまうのは，なぜ？

まわりの人《ひと》の行動《こうどう》が，よいもののようにみえる

私《わたし》たちの行動《こうどう》は，まわりの人《ひと》たち（集団《しゅうだん》）から大《おお》きな影響《えいきょう》を受《う》けています。ここからは，私《わたし》たち個人《こじん》の行動《こうどう》が集団《しゅうだん》からどんな影響《えいきょう》を受《う》けているのか，逆《ぎゃく》に個人《こじん》の行動《こうどう》が集団《しゅうだん》にどんな影響《えいきょう》をあたえているのかについて，みていきましょう。

不思議《ふしぎ》な話《はなし》ですが，集団《しゅうだん》の中《なか》には，その集団《しゅうだん》の中《なか》でしか通用《つうよう》しない，「暗黙《あんもく》のルール」ができあがることがあります。たとえば，遊《あそ》んでいる子供《こども》たちが家《いえ》に帰《かえ》る時間《じかん》です。友《とも》だちどうしで楽《たの》しく遊《あそ》んでいても，決《き》まった時間《じかん》になると，だれがいいだすわけでもなく，みな自分《じぶん》の家《いえ》に帰《かえ》ろうとすることがあります。

これは「同調《どうちょう》」とよばれる現象《げんしょう》です。**同調《どうちょう》とは，まわりの人《ひと》たちの行《こう》動《どう》や考《かんが》えをよいもののようだと受《う》け入《い》れて，本来《ほんらい》の自分《じぶん》の行動《こうどう》や考《かんが》えを，まわりの人《ひと》たちと同《おな》じように合《あ》わせる現象《げんしょう》です。**

同《おな》じ長《なが》さの線《せん》はどれ？

アメリカで活動《かつどう》した心理学者《しんりがくしゃ》のソロモン・アッシュ（1907〜1996）が，1951年《ねん》に行《おこな》った実《じっ》験《けん》です※。カードNo.1に引《ひ》かれた線《せん》と同《おな》じ長《なが》さの線《せん》を，カードNo.2の中《なか》から被験者《ひけんしゃ》に選《えら》んでもらいました。やさしい問題《もんだい》にもかかわらず，サクラ（しくまれたにせの参加者《さんかしゃ》）が一致《いっち》して誤《あやま》った回答《かいとう》をすると，被験者《ひけんしゃ》もサクラと同《おな》じ誤《あやま》った回答《かいとう》をする傾向《けいこう》が強《つよ》く出《で》ました。

同じ長さの線はどれでしょう？（正解はC）

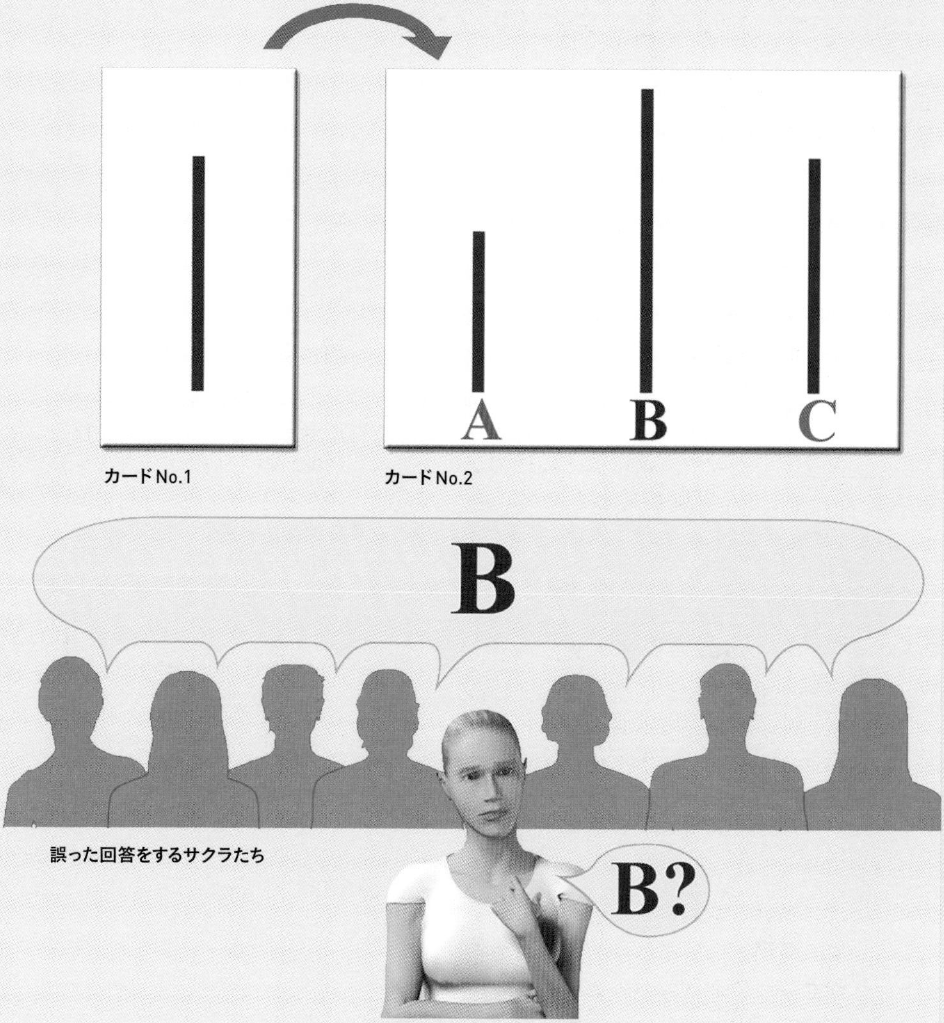

※：Asch, S.E. (1951). Effects of group pressure on the modification and distortion of judgments. In Guetzkow,H. (Ed.), Groups, leadership and men, pp.177–190. Pittsburgh, PA : Carnegie Press.

エスカレーターでわかる，まわりに合《あ》わせる心理《しんり》

つられて左並《ひだりなら》びをする人《ひと》の割合《わりあい》がふえた

関西《かんさい》地方《ちほう》の暗黙《あんもく》のルール

左側：歩いて移動したい人
右側：止まったまま移動したい人

サクラが左側《ひだりがわ》に乗《の》って止《と》まったまま移動《いどう》すると?

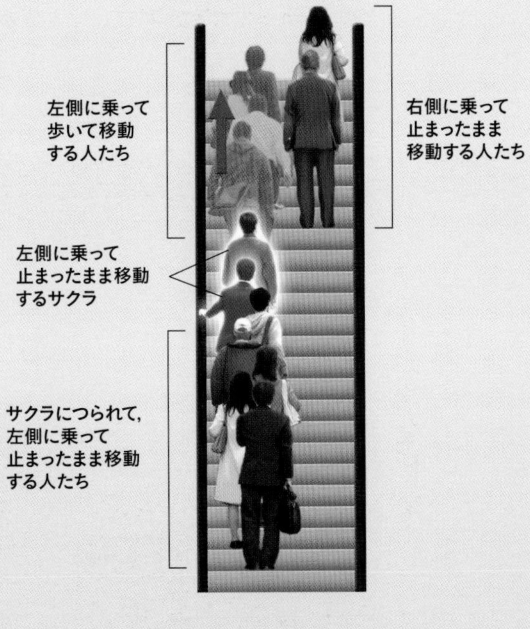

※：釘原直樹（2011）．グループ・ダイナミックス 集団と群集の心理．有斐閣

関《かん》西地方《さいちほう》でエスカレーターに乗《の》るときは，歩《ある》いて移動《いどう》したい人《ひと》が左側《ひだりがわ》，止《と》まったまま移動《いどう》したい人《ひと》が右側《みぎがわ》という暗黙《あんもく》のルールがあります（エスカレーターでの歩行《ほこう》は危険《きけん》なので，本来行《ほんらいおこな》うべきではありません）。

このエスカレーターを使《つか》って，興味深《きょうみぶか》い実験《じっけん》が行《おこな》われました※。大阪《おおさか》のエスカレーターにサクラを乗《の》せます。サクラは，「止《と》まったまま移動《いどう》したい人《ひと》は右側《みぎがわ》に乗《の》る」という関西《かんさい》地方《ちほう》の暗黙《あんもく》のルールに反《はん》して，左側《ひだりがわ》に乗《の》って止《と》まったまま移動《いどう》しました。その結果《けっか》，左側《ひだりがわ》に乗《の》って止《と》まったまま移動《いどう》する人《ひと》の割合《わりあい》がふえたのです。

この実験《じっけん》やアッシュの実験《じっけん》（56ページ）は，私《わたし》たちが同調《どうちょう》の圧力《あつりょく》を非常《ひじょう》に受《う》けやすいことを示《しめ》しています。「まわりに合《あ》わせるタイプ」は個人《こじん》の性格《せいかく》だけではなく，人類《じんるい》が共通《きょうつう》にもっている心理《しんり》でもあるようです。

関西《かんさい》のエスカレーターで，左側《ひだりがわ》に乗《の》って止《と》まったまま移動《いどう》すると？

サクラが左側《ひだりがわ》に乗《の》って止《と》まったまま移動《いどう》すると，サクラがいないときよりも，左側《ひだりがわ》に乗《の》って止《と》まったまま移動《いどう》する人《ひと》の割合《わりあい》が多《おお》くなりました。この傾向《けいこう》は，関西在住者《かんさいざいじゅうしゃ》の少《すく》なかった大阪空港駅《おおさかくうこう》で，より顕著《けんちょ》にあらわれました。

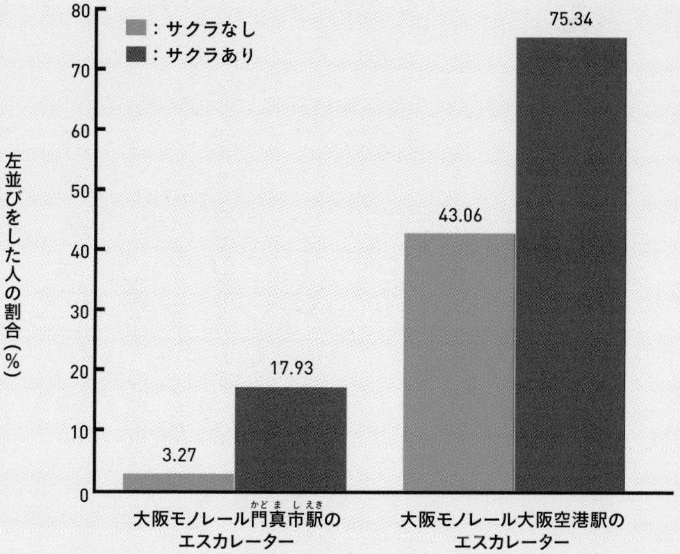

他人《たにん》の意見《いけん》で色《いろ》の判断《はんだん》が変《か》わることも！

緑《みどり》と判断《はんだん》する人《ひと》が2名《めい》もいるから緑《みどり》かも……

人《ひと》は，多数派《たすうは》の影響《えいきょう》を受《う》けて態度《たいど》を変《か》える（同調《どうちょう》する）ことがあります（56～59ページ）。では逆《ぎゃく》に，少数派《しょうすうは》が多数派《たすうは》の態度《たいど》を変《か》えさせることはあるのでしょうか？

フランスの心理学者《しんりがくしゃ》セルジュ・モスコビッチ（1925～2014）は，「社会《しゃかい》や集団《しゅうだん》の中《なか》では少数派《しょうすうは》が多《た》数派《すうは》に影響《えいきょう》をおよぼし，多数派《たすうは》の行動《こうどう》や態度《たいど》を変化《へんか》させる場合《ばあい》もあるはずだ」と仮説《かせつ》を立《た》て，1969年《ねん》に以下《いか》の実験《じっけん》を行《おこな》いました。明《あか》るさのちがう6種類《しゅるい》の青《あお》いスライドを見《み》せ，その色《いろ》が何色《なにいろ》か判断《はんだん》させる実験《じっけん》です。実験参加者《じっけんさんかしゃ》6名《めい》の中《なか》に，2名《めい》のサクラがいる場合《ばあい》といない場合《ばあい》とで，その結果《けっか》の変化《へんか》を調《しら》べました。

2名《めい》のサクラは，特定《とくてい》のスライドに対《たい》して必《かなら》ず「緑《みどり》」と答《こた》えます。**サクラがいる集団《しゅうだん》では，サクラの回答《かいとう》に影響《えいきょう》を受《う》けてそのスライドを「緑《みどり》」と回答《かいとう》した参加者《さんかしゃ》が8.42％にのぼりました。**一方《いっぽう》，サクラがいない集団《しゅうだん》では，同《おな》じスライドに対《たい》して「緑《みどり》」と回答《かいとう》した参《さん》加者《かしゃ》はわずか0.25％でした。

また，サクラがいる集団《しゅうだん》の実験《じっけん》参加者《さんかしゃ》たちに色覚検査《しきかくけんさ》を行《おこな》ったところ，緑色《みどりいろ》だと感《かん》じる範囲《はんい》が平均《へいきん》して拡大《かくだい》していました（右下《みぎした》の図《ず》）。**サクラに同調《どうちょう》せずにスライドの色《いろ》を「青《あお》」と回答《かいとう》した人《ひと》までも，サクラの影響《えいきょう》を受《う》けて色《いろ》の感《かん》じ方《かた》が変化《へんか》したのです。**

なお，サクラが「緑《みどり》」と答《こた》えるスライドを毎回変《まいかいか》えた場合《ばあい》，そのスライドを「緑《みどり》」と答《こた》えた参加者《さんかしゃ》はわずか1.25％でした。モスコビッチはこの結果《けっか》から，多数派《たすうは》に影響《えいきょう》をおよぼして態度《たいど》を変《か》えさせるには，少数派《しょうすうは》の一貫《いっかん》した態度《たいど》が必要《ひつよう》だと指摘《してき》しました。

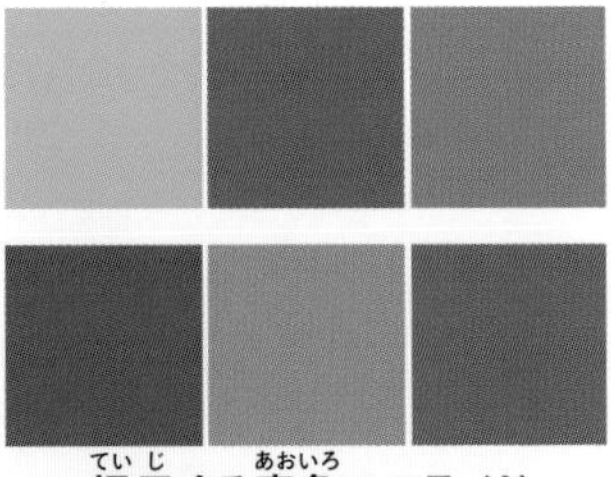

提示《ていじ》する青色《あおいろ》のスライド

サクラがいる場合《ばあい》

特定《とくてい》のスライドに対《たい》して必《かなら》ず「緑《みどり》」と答《こた》えるサクラがいる場合《ばあい》，同《おな》じスライドの色《いろ》を「緑《みどり》」と答《こた》える人《ひと》の割合《わりあい》は8.42%にのぼりました。

被験者（自由に回答）

被験者（自由に回答）

サクラ（必ず緑と回答）

サクラ（必ず緑と回答）

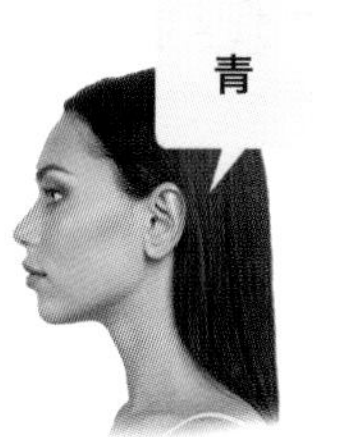

被験者（自由に回答）

被験者（自由に回答）

サクラがいない場合《ばあい》

特定《とくてい》のスライドに対《たい》して青色《あおいろ》ではなく緑色《みどりいろ》だと回答《かいとう》した人《ひと》の割合《わりあい》はわずか0.25%でした。

被験者（自由に回答）

被験者（自由に回答）

被験者（自由に回答）

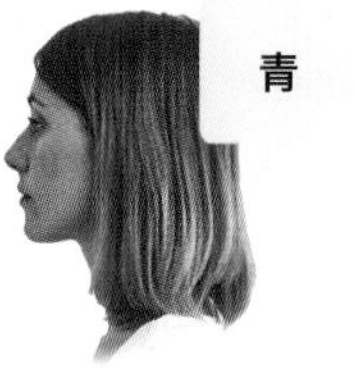

被験者（自由に回答）

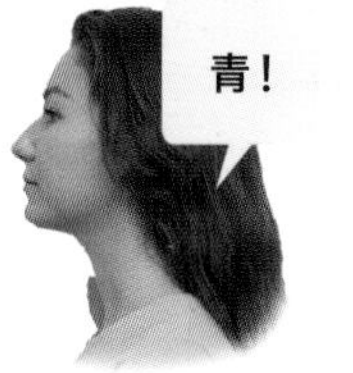

被験者（自由に回答）

被験者（自由に回答）

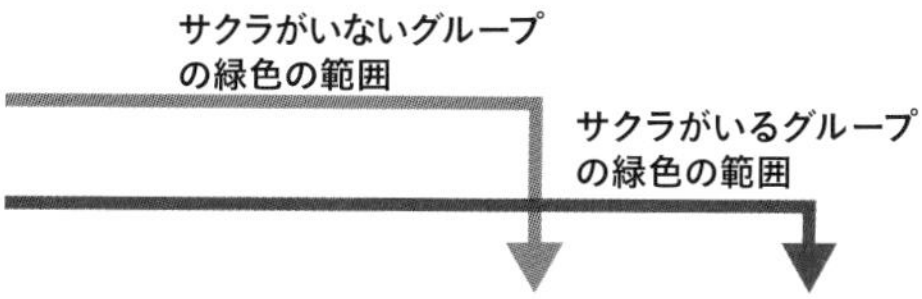

サクラの影響《えいきょう》を受《う》けて，緑色《みどりいろ》だと思《おも》う範囲《はんい》が拡大《かくだい》

サクラがいる集団《しゅうだん》で実験《じっけん》に参加《さんか》した人《ひと》たちの色覚検査《しきかくけんさ》の結果《けっか》です。サクラがいない集《しゅう》団《だん》にくらべて，緑色《みどりいろ》と判断《はんだん》する範囲《はんい》が拡大《かくだい》していました。

人間関係の心理学

人数《にんずう》が多《おお》いときほど，手《て》抜《ぬ》きがおきやすい

一人《ひとり》の出《だ》す努力《どりょく》の量《りょう》が小《ちい》さくなる

一人《ひとり》の作業《さぎょう》と協同作業《きょうどうさぎょう》，どちらをがんばる？

社会的手抜《しゃかいてきてぬ》きを確《たし》かめるために行《おこな》われた，つり革《かわ》の装置《そうち》を使《つか》った実験《じっけん》です※。9人《にん》の被験者《ひけんしゃ》に，つり革《かわ》を力《ちから》いっぱい引《ひ》いてもらい，張力《ちょうりょく》を測定《そくてい》しました。被験者《ひけんしゃ》たちには，次《つぎ》のようなアナウンスがありました。「1回目《かいめ》と12回目《かいめ》の測定《そくてい》では，個人《こじん》の張力《ちょうりょく》が記録《きろく》されます。その間《あいだ》の測定《そくてい》では，全員《ぜんいん》の張力《ちょうりょく》の合計《ごうけい》が記録《きろく》されます」。

※：釘原直樹（2013）．人はなぜ集団になると怠けるのか「社会的手抜き」の心理学．中公新書．

重《おも》い荷物《にもつ》を複数《ふくすう》の人《ひと》で持《も》ち上《あ》げて運《はこ》ぶとき，悪《わる》いことと思《おも》いつつも，自分一人《じぶんひとり》くらい力《ちから》を抜《ぬ》いても何《なん》とかなるだろうと考《かんが》え，力《ちから》を抜《ぬ》いた経験《けいけん》はありませんか？ **これは「社会的手抜《しゃかいてきてぬ》き」とよばれるもので，集団心理学《しゅうだんしんりがく》でよく研究《けんきゅう》されている心理《しんり》です。**

研究《けんきゅう》によると，他人《たにん》と協同《きょうどう》で作業《さぎょう》を行《おこな》うときは，単独《たんどく》で作業《さぎょう》を行《おこな》うときよりも，一人《ひとり》の出《だ》す努力《どりょく》の量《りょう》が小《ちい》さくなります。作業《さぎょう》にかかる人数《にんずう》が多《おお》ければ多《おお》いほど，努力《どりょく》の量《りょう》には差《さ》が出《で》ることもわかっています。

社会的手抜《しゃかいてきてぬ》きは，集団《しゅうだん》で仕事《しごと》をするときに，仕事《しごと》の効率《こうりつ》を低下《ていか》させるおそれがあります。社会的手抜《しゃかいてきてぬ》きを防《ふせ》ぐ方法《ほうほう》として，ひとりひとりの貢献度《こうけんど》がはっきりわかるシステムをつくることや，集団全体《しゅうだんぜんたい》の成果《せいか》をリアルタイムで知《し》らせることなどがあげられます。

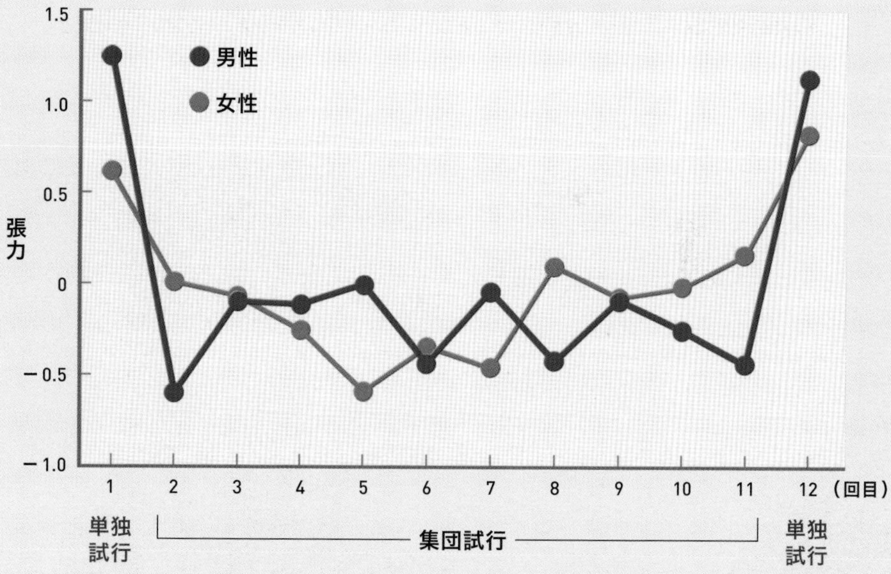

実際《じっさい》には，1〜12回目《かいめ》のすべての測定《そくてい》で，個人《こじん》の張力《ちょうりょく》が記録《きろく》されました。「個人《こじん》の張力《ちょうりょく》が測《そく》定《てい》されている」とアナウンスされたとき（1回目《かいめ》と12回目《かいめ》の単独試行《たんどくしこう》）のほうが，「集団《しゅうだん》の張力《ちょうりょく》が測定《そくてい》されている」とアナウンスされたとき（2〜11回目《かいめ》の集団試行《しゅうだんしこう》）よりも，個人《こじん》の出《だ》す力《ちから》は大《おお》きくなりました。この傾向《けいこう》は，女性《じょせい》よりも男性《だんせい》で顕著《けんちょ》でした。

注：縦軸の値は，12試行の標準偏差と平均値を考慮に入れた得点（標準得点）です。

話《はな》し合《あ》いは高《こう》リスクな決断《けつだん》を生《う》みだす？

「リスキーシフト」とよばれる現象《げんしょう》

物《もの》事《ごと》を決断《けつだん》する場合《ばあい》，一人《ひとり》で決《き》めるよりも，複数《ふくすう》で話《はな》し合《あ》ったほうがよいように思《おも》えます。しかし，**集団《しゅうだん》で話《はな》し合《あ》いをすると，一人《ひとり》で決断《けつだん》するときよりも危険《きけん》な選択《せんたく》をすることがあります。「リスキーシフト」とよばれる現象《げんしょう》です。**

1961年《ねん》，アメリカの心理学者《しんりがくしゃ》マイケル・ワラック（1933 ～ 2020）は「CDQ（選択肢《せんたくし》ジレンマ質問《しつもん》紙《し》）」を開発《かいはつ》しました。これには，「報酬《ほうしゅう》は高《たか》いが危険《きけん》も高《たか》い選択肢《せんたくし》」と「報酬《ほうしゅう》は低《ひく》いが危険《きけん》も低《ひく》い選択《せんたく》肢《し》」のどちらかを選《えら》ばせる12の場《ば》面《めん》が書《か》かれています（右《みぎ》の表《ひょう》）。

アメリカの心理学者《しんりがくしゃ》ジェームズ・ストーナー（1935 ～）は，このCDQを使《つか》い，被験者《ひけんしゃ》たちが単独《たんどく》で決定《けってい》した回答《かいとう》と，話《はな》し合《あ》いで決《けっ》定《てい》した回答《かいとう》をくらべました。すると，**話《はな》し合《あ》いによる回答《かいとう》のほうが危険《きけん》の高《たか》い選択肢《せんたくし》を選《えら》ぶ傾向《けいこう》が，顕著《けんちょ》に示《しめ》されたのです。**

さらにその後《ご》の研究《けんきゅう》から，慎重《しんちょう》な人《ひと》たちが話《はな》し合《あ》うとさらに慎《しん》重《ちょう》な方向《ほうこう》に傾《かたむ》き，危険《きけん》をかえりみない人《ひと》たちが話《はな》し合《あ》うと，さらに危険《きけん》な方向《ほうこう》に傾《かたむ》くことがわかりました。両者《りょうしゃ》をまとめて「集団極《しゅうだんきょく》化《か》」とよびます。

集団極化《しゅうだんきょくか》がおきる理由《りゆう》はいくつか考《かんが》えられます。一《ひと》つは，参加《さんか》者《しゃ》が自分《じぶん》の存在《そんざい》をアピールしようとするためです。あいまいな意見《いけん》よりも極端《きょくたん》な意見《いけん》のほうが自分《じぶん》の存在《そんざい》をきわだたせられると考《かんが》え，より極端《きょくたん》な意見《いけん》をいおうとします。二《ふた》つ目《め》は，集団内《しゅうだんない》のメンバーの考《かんが》えが同《おな》じ方向《ほうこう》にかたよっているため，その方向《ほうこう》に話《はなし》が進《すす》みやすくなり，最終的《さいしゅうてき》に全員《ぜんいん》がその意見《いけん》に説《せっ》得《とく》させられるためだといいます。

リスキーシフトは危険《きけん》な決断《けつだん》を生《う》みだす傾向《けいこう》があります。しかし，**ときには思《おも》いきった決断《けつだん》が大《おお》きな壁《かべ》を打《う》ち破《やぶ》る力《ちから》を生《う》むこともあります。**決断《けつだん》を一人《ひとり》でするべきなのか，話《はな》し合《あ》ってするべきなのかは，一概《いちがい》にはいえないのです。

ワラックの開発《かいはつ》した選択肢《せんたくし》ジレンマ質問紙《しつもんし》

1	電気技師《でんきぎし》が，平凡《へいぼん》だが適当《てきとう》な給料《きゅうりょう》をかせげる今《いま》の仕事《しごと》をつづけるか， それとも今《いま》よりかせげるが長期的《ちょうきてき》な安定《あんてい》が保証《ほしょう》されない新《あたら》しい仕事《しごと》につくか。
2	心臓病患者《しんぞうびょうかんじゃ》が，成功《せいこう》すれば完治《かんち》するが失敗《しっぱい》すれば死《し》ぬ危険《きけん》のある手術《しゅじゅつ》を受《う》けるか， それとも手術《しゅじゅつ》せず生活態度《せいかつたいど》をきびしく節制《せっせい》するか。
3	平均的《へいきんてき》な財産《ざいさん》をもつ人《ひと》が，相続《そうぞく》したいくらかの遺産《いさん》を低《ひく》い配当《はいとう》の優良株《ゆうりょうかぶ》に投資《とうし》するか， それとも大《おお》きな利益《りえき》がみこめるが危険《きけん》をともなう株《かぶ》に投資《とうし》するか。
4	ライバル校《こう》とのフットボールの試合《しあい》の最終《さいしゅう》プレーで主将《しゅしょう》が，同点《どうてん》をねらうほぼ確実《かくじつ》なプレーを選《えら》ぶか，それとも成功《せいこう》すれば逆転勝《ぎゃくてんが》ちになるが失敗《しっぱい》すれば絶対《ぜったい》に敗北《はいぼく》するプレーを選《えら》ぶか。
5	事業《じぎょう》の拡大《かくだい》をめざすアメリカの企業《きぎょう》の社長《しゃちょう》が，投資収益《とうししゅうえき》が普通《ふつう》の国内《こくない》に新《あたら》しい工場《こうじょう》を建《けん》設《せつ》するか，それとも収益《しゅうえき》はとても大《おお》きいが政情《せいじょう》が不安定《ふあんてい》な外国《がいこく》に建設《けんせつ》するか。
6	大学院《だいがくいん》で化学《かがく》を専攻《せんこう》したい大学《だいがく》4年生《ねんせい》が，非常《ひじょう》にきびしく少数《しょうすう》の院生《いんせい》しか博士号《はくしごう》をとれない有名大学《ゆうめいだいがく》に進学《しんがく》するか，それとも有名《ゆうめい》ではないが院生《いんせい》のほとんどが博士号《はくしごう》をとれる大《だい》学《がく》に進学《しんがく》するか。
7	全米《ぜんべい》チェス選手権《せんしゅけん》で，ランクの低《ひく》い選手《せんしゅ》が1回戦《かいせん》でトップシードの選手《せんしゅ》と対戦《たいせん》しているときに，妙策《みょうさく》がひらめいた。うまくいけば勝利《しょうり》するが失敗《しっぱい》すれば確実《かくじつ》に負《ま》けるその手《て》を，使《つか》うかどうか。
8	かなり音楽的《おんがくてき》な才能《さいのう》のある学生《がくせい》が，医学部《いがくぶ》に進学《しんがく》して将来《しょうらい》が安定《あんてい》した進路《しんろ》をとるか， それともピアニストになるという将来《しょうらい》の安定《あんてい》が保証《ほしょう》されない進路《しんろ》をとるか。
9	戦争中《せんそうちゅう》の捕虜《ほりょ》の兵士《へいし》が，もしつかまれば処刑《しょけい》される危険《きけん》な脱出《だっしゅつ》を試《こころ》みるか， それともこのまま非常《ひじょう》に苦《くる》しい収容所《しゅうようじょ》にとどまるか。
10	市民《しみん》としての責任《せきにん》を強《つよ》く感《かん》じている成功《せいこう》した実業家《じつぎょうか》が，運動資金《うんどうしきん》が限《かぎ》られている少数党《しょうすうとう》の公認候補《こうにんこうほ》として，立候補《りっこうほ》するかどうか。
11	物理学者《ぶつりがくしゃ》が，大学《だいがく》での5年《ねん》雇用契約《こようけいやく》のはじめに，確実《かくじつ》に解決《かいけつ》できるがあまり重要《じゅうよう》でない，短期間《たんきかん》で成果《せいか》の出《で》る問題《もんだい》を研究《けんきゅう》するか，それとも非常《ひじょう》に重要《じゅうよう》だが非常《ひじょう》に困難《こんなん》で，5年間《ねんかん》では何《なに》も成果《せいか》が出《で》ないかもしれない研究《けんきゅう》をするか。
12	最近《さいきん》ある重大《じゅうだい》な意見《いけん》の相違《そうい》に気《き》づいた婚約者《こんやくしゃ》どうしが，結婚《けっこん》するかどうか。幸福《こうふく》な結婚《けっこん》は一時的《いちじてき》には可能《かのう》だが，一生《いっしょう》の幸《しあわ》せを約束《やくそく》することはできないと結婚《けっこん》カウンセラーにいわれている。

出典：白樫三四郎，外山みどり編著（2003）．社会心理学．八千代出版．を一部改変

『見《み》て見《み》ぬふり』はなぜおきる？

まわりに人《ひと》がたくさんいるからおきる

人《ひと》ごみでぐあいが悪《わる》そうな人《ひと》を見《み》かけても，多《おお》くの人《ひと》が見《み》て見《み》ぬふりをしてしまうかもしれません。**心理学《しんりがく》ではこうした現象《げんしょう》を「傍観者効果《ぼうかんしゃこうか》」といいます。社会的手抜《しゃかいてきてぬ》き（62～63ページ）と同《おな》じように，「自分《じぶん》が助《たす》けなくても，ほかのだれかが助《たす》けるはずだ」という気持《きもち》ちからおこります。**

傍観者効果《ぼうかんしゃこうか》が注目《ちゅうもく》されるようになったのは，1964年《ねん》にアメリカでおきたショッキングな事件《じけん》がきっかけでした。ある女性《じょせい》が，夜道《よみち》で暴漢《ぼうかん》におそわれて亡《な》くなりました。実《じつ》は事件当時《じけんとうじ》，38人《にん》もの人《ひと》が悲鳴《ひめい》や物音《ものおと》を聞《き》いていたのに，だれも女性《じょせい》を助《たす》けたり，警察《けいさつ》をよんだりしなかったのです。

次《つぎ》のような実験《じっけん》もあります※。被験者《ひけんしゃ》とサクラの人《ひと》とで話《はな》をしてもらい，サクラの人《ひと》は途中《とちゅう》でぐあいが悪《わる》くなった演技《えんぎ》をして倒《たお》れます。このとき，被験者《ひけんしゃ》とサクラの人《ひと》の二人《ふたり》だけの場合《ばあい》は，被験者《ひけんしゃ》の8割以上《わりいじょう》がすぐに助《たす》けをよびに行《い》きました。一方《いっぽう》，被験者《ひけんしゃ》のほかに4人《にん》の人《ひと》がいた場合《ばあい》は，すぐに助《たす》けをよびに行《い》った被験者《ひけんしゃ》は3割程度《わりていど》だったのです。

傍観者効果《ぼうかんしゃこうか》がおきるのは，ひとりひとりの責任《せきにん》が分散《ぶんさん》したように感《かん》じるからだと考《かんが》えられています。困《こま》ったときには「だれか助《たす》けて！」ではなく，「そこのあなた，助《たす》けて！」といったほうが，助《たす》けてもらいやすくなるのです。

だれかが助《たす》けてくれるはず……

困《こま》っている人《ひと》がいて，そこに自分《じぶん》一人《ひとり》しかいないときは，多《おお》くの場合《ばあい》その人《ひと》を助《たす》けようとします。しかし，まわりに自分以外《じぶんいがい》のだれかがいる場合《ばあい》は，助《たす》けようとする人《ひと》の割合《わりあい》が減《へ》ります。その場《ば》に人《ひと》がたくさんいると，責任《せきにん》が分散《ぶんさん》したように感《かん》じられ，「見《み》て見《み》ぬふり」をしやすくなるのです。

※ : Darley, J. M. and Latané, B. (1968). Bystander intervention in emergencies: Diffusion of responsibility. Journal of Personality and Social Psychology, 8(4), 377–383.

人数《にんずう》が多《おお》いと，パニックがおきやすい

あせって自分《じぶん》だけ先《さき》に進《すす》もうとするのが原因《げんいん》

緊《きん》急事態《きゅうじたい》における集団《しゅうだん》のパニック行動《こうどう》をみるための実験《じっけん》があります※。被験者《ひけんしゃ》は，前進《ぜんしん》，攻撃《こうげき》，譲歩《じょうほ》の三《みっ》つのボタンをあやつりながら，限《かぎ》られた制限時間内《せいげんじかんない》に出口《でぐち》から脱出《だっしゅつ》するゲームを行《おこな》います（右《みぎ》の図《ず》）。複数《ふくすう》の人《ひと》が同時《どうじ》に前進《ぜんしん》ボタンを押《お》すと，混雑状態《こんざつじょうたい》となってだれも前《まえ》に進《すす》めなくなります。そこで，他者《たしゃ》を攻撃《こうげき》して前進《ぜんしん》するか，自分《じぶん》がうしろに下《さ》がって（譲歩《じょうほ》して），他者《たしゃ》のあとから前進《ぜんしん》するかを選択《せんたく》します。

実験結果《じっけんけっか》をみると，集団《しゅうだん》の人数《にんずう》の増加《ぞうか》にともなって，全員脱出《ぜんいんだっしゅつ》の成功率《せいこうりつ》が低下《ていか》しました。ゲームの中《なか》では，制限時間《せいげんじかん》がせまるほど譲歩《じょうほ》が減《へ》り，攻撃《こうげき》がふえました。

人《ひと》は，順番《じゅんばん》を待《ま》てば報酬《ほうしゅう》が得《え》られると思《おも》うからこそ，理性的《りせいてき》な行動《こうどう》がとれるといいます。しかし，そこに割《わ》りこみ（攻撃《こうげき》）がおきると，このまま順番《じゅんばん》を待《ま》っていたら自分《じぶん》は報酬《ほうしゅう》をもらえないのではないかとあせり，割《わ》りこみをします。こうしてますます人々《ひとびと》の中《なか》にあせりが生《しょう》じ，パニックがおきるのだと考《かん》えられています。

脱出《だっしゅつ》するときにとる行動《こうどう》とは？

被験者《ひけんしゃ》に，脱出《だっしゅつ》シミュレーションゲームをしてもらいました。「前進《ぜんしん》」「攻撃《こうげき》」「譲歩《じょうほ》」の3種類《しゅるい》のボタンを使《つか》って，制限時間内《せいげんじかんない》に仮想上《かそうじょう》の出口《でぐち》から脱出《だっしゅつ》します。

※：釘原直樹（2011）．グループ・ダイナミックス 集団と群集の心理．有斐閣

脱出《だっしゅつ》シミュレーションゲーム。制限時間内《せいげんじかんない》に出口《でぐち》から脱出《だっしゅつ》せよ！

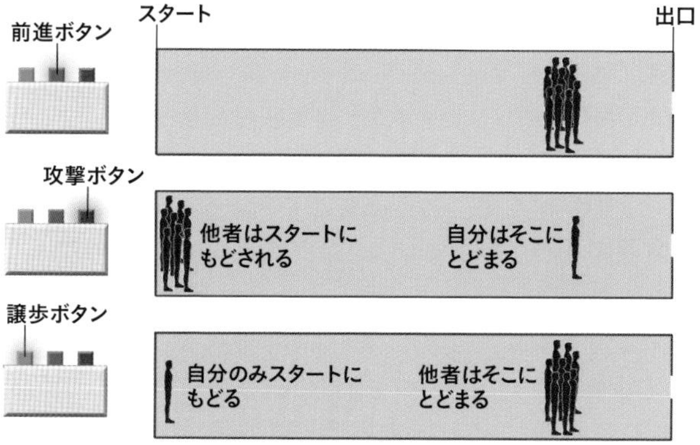

「前進《ぜんしん》ボタン」を100回《かい》押《お》すと，脱出成功《だっしゅつせいこう》です。しかし，複数《ふくすう》の人《ひと》が同時《どうじ》に押《お》すと，全員《ぜんいん》のカウンター（前進《ぜんしん》ボタンを押《お》した回《かい》数《すう》）が止《と》まり，だれも前進《ぜんしん》できなくなります。

「攻撃《こうげき》ボタン」を押《お》すとその場《ば》にとどまり，押《お》した人《ひと》以外《いがい》はスタートにもどされてカウンターがゼロになります。自分《じぶん》も他者《たしゃ》も，前進《ぜんしん》が可能《かのう》です。

「譲歩《じょうほ》ボタン」を押《お》すと，押《お》した人《ひと》のみスタートにもどってカウンターがゼロになります。自《じ》分《ぶん》も他者《たしゃ》も，前進《ぜんしん》が可能《かのう》です。

グラフ1：集団の人数ごとの脱出成功率

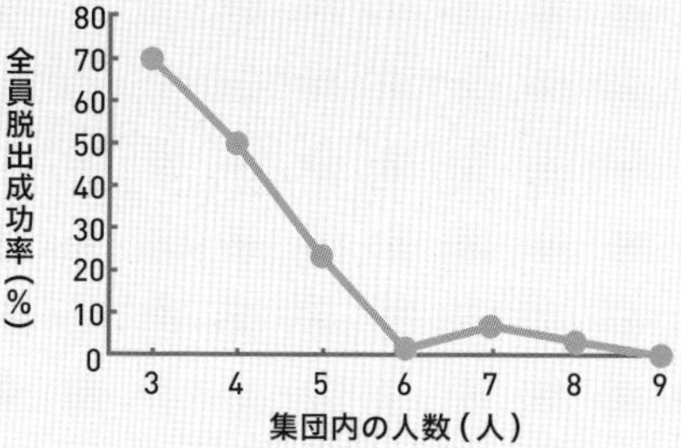

グラフ2：攻撃回数と譲歩回数の時間変動

※全員脱出に失敗した6人集団のケース

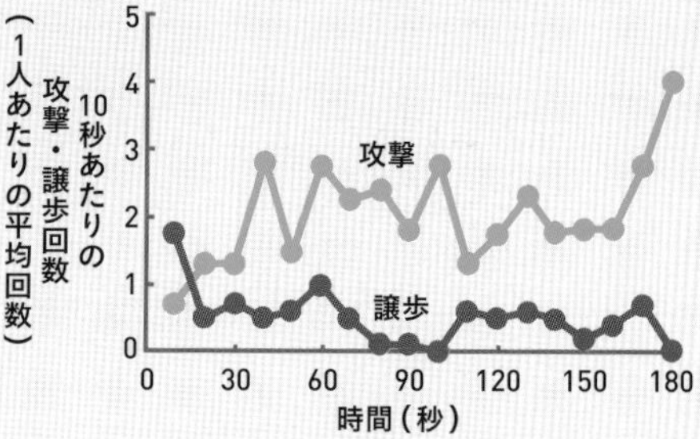

ゲームの結果《けっか》は，人数《にんずう》がふえるほど，全員脱出《ぜんいんだっしゅつ》の成功確率《せいこうかくりつ》は低《ひく》くなりました（グラフ1）。脱出《だっしゅつ》に失敗《しっぱい》した集団内《しゅうだんない》の個人《こじん》の行動《こうどう》をみると，制限時間《せいげんじかん》がせまるほど，攻撃《こうげき》する傾向《けいこう》が強《つよ》くなりました（グラフ2)。結局《けっきょく》，人数《にんずう》がふえるほど，攻撃《こうげき》の報復《ほうふく》の悪循環《あくじゅんかん》がひどくなるために，脱出《だっしゅつ》の成功率《せいこうりつ》が低下《ていか》しました。

人間関係の心理学

仲間《なかま》の結束《けっそく》を強《つよ》める心理《しんり》

「内集団《ないしゅうだん》ひいき」も度《ど》がすぎると危険《きけん》

人《ひと》は無意識《むいしき》のうちに，他者《たしゃ》を自分《じぶん》の仲間《なかま》か仲間《なかま》でないか判断《はんだん》しています。それは，仲間《なかま》でない場合《ばあい》，自分《じぶん》に危害《きがい》を加《くわ》えるかもしれないため，警戒《けいかい》する必要《ひつよう》があるからです。一方《いっぽう》，**警戒《けいかい》する必要《ひつよう》のない仲間《なかま》に対《たい》しては好意的《こういてき》になり，過大評価《かだいひょうか》しがちになります。このような傾向《けいこう》を，心理学《しんりがく》では「内集団《ないしゅうだん》ひいき」または「内集団《ないしゅうだん》バイアス」といいます。**

内集団《ないしゅうだん》ひいきは「集団凝集性《しゅうだんぎょうしゅうせい》」が高《たか》ければ高《たか》いほど，顕著《けんちょ》になりやすいことが知《し》られています。集団凝集性《しゅうだんぎょうしゅうせい》とは，所属《しょぞく》している団体《だんたい》や組織《そしき》にメンバーをとどまらせようとする力《ちから》のことです。

集団凝集性《しゅうだんぎょうしゅうせい》には，「課題達成的凝集性《かだいたっせいてきぎょうしゅうせい》」と「対人凝集性《たいじんぎょうしゅうせい》」があります。多《おお》くの場合《ばあい》，集団《しゅうだん》には共通《きょうつう》の目的《もくてき》や目標《もくひょう》があります。それが魅力的《みりょくてき》だと，メンバーの凝集性《ぎょうしゅうせい》は高《たか》まります。これが，課題達成的凝集性《かだいたっせいてきぎょうしゅうせい》です。また，メンバーどうしの良好《りょうこう》な関係性《かんけいせい》や一体感《いったいかん》も，集団《しゅうだん》の凝集性《ぎょうしゅうせい》を高《たか》めます。これが，対人凝集性《たいじんぎょうしゅうせい》です。

しかし，集団凝集性《しゅうだんぎょうしゅうせい》の度《ど》がすぎると，集団以外《しゅうだんいがい》の人々《ひとびと》に対《たい》し敵意《てきい》が芽生《めば》える可能性《かのうせい》があります。いったん敵意《てきい》が芽生《めば》えてしまうと，それを解消《かいしょう》するのは非常《ひじょう》にむずかしく，集団《しゅうだん》と集団《しゅうだん》との間《あいだ》の感情的《かんじょうてき》なあつれきを長引《ながび》かせることになります。その小《ちい》さな例《れい》が，政治《せいじ》における党《とう》どうしや企業《きぎょう》における部署間《ぶしょかん》の争《あらそ》いなどで，大《おお》きな例《れい》が，国家間《こっかかん》の戦争《せんそう》や民族紛争《みんぞくふんそう》などです。

「内集団《ないしゅうだん》ひいき」の効果《こうか》を示《しめ》したタジフェルの実験《じっけん》

イギリスの社会心理学者《しゃかいしんりがくしゃ》ヘンリー・タジフェル（1919～1982）が行《おこな》った実験《じっけん》です。実《じっ》験《けん》参加者《さんかしゃ》である14～15歳《さい》の子供《こども》たちにいくつか抽象画《ちゅうしょうが》を見《み》せ，抽象画家《ちゅうしょうがか》のクレーを好《この》む「クレー派《は》」と抽象画家《ちゅうしょうがか》のカンディンスキーを好《この》む「カンディンスキー派《は》」にランダムに分《わ》けました。そして，「自分以外《じぶんいがい》のクレー派《は》とカンディンスキー派《は》に実験参加《じっけんさんか》の謝礼《しゃれい》をあたえる場合《ばあい》，どう配分《はいぶん》すべきか」と質問《しつもん》し，提示《ていじ》した配分《はいぶん》から選《えら》んでもらいました。

実験《じっけん》の結果《けっか》，自分《じぶん》の属《ぞく》する派《は》への謝礼《しゃれい》がほかの派《は》よりも高《たか》くなる組《く》み合《あ》わせを選択《せんたく》する傾向《けいこう》がみられました。実験参加者《じっけんさんかしゃ》たちは，自分《じぶん》が属《ぞく》した集団《しゅうだん》のメンバーを知《し》らないうえ，同《おな》じ目的《もくてき》や目標《もくひょう》に向《む》かって力《ちから》を合《あ》わせた経験《けいけん》がまったくありません。それにもかかわらず，内集団《ないしゅうだん》ひいきが発生《はっせい》することが明《あき》らかとなったのです。

自分《じぶん》とまわりとの関係性《かんけいせい》をすばやく把握《はあく》する心理《しんり》

「偏見《へんけん》」や「差別《さべつ》」に気《き》をつける必要《ひつよう》がある

ステレオタイプが認知《にんち》に影響《えいきょう》する

次《つぎ》のような実験結果《じっけんけっか》があります。実験参加者《じっけんさんかしゃ》に，ある女性《じょせい》の映像《えいぞう》を見《み》せます。その際《さい》，事前《じぜん》に「女性《じょせい》は図書館司書《としょかんししょ》である」と教《おし》えられたグループと，「女性《じょせい》はウェイトレスである」と教《おし》えられたグループに分《わ》けます。映像《えいぞう》を見《み》せたあと，参加者《さんかしゃ》に女性《じょせい》の特徴《とくちょう》に関《かん》する記憶《きおく》をテストしたところ，前者《ぜんしゃ》は「メガネをかけていた」「本棚《ほんだな》があった」など図書館司書《としょかんししょ》のステレオタイプにあてはまる特徴《とくちょう》を，後者《こうしゃ》は「ポップミュージックを聞《き》いていた」「ハンバーガーを食《た》べていた」など，ウェイトレスのステレオタイプにあてはまる特《とく》徴《ちょう》を記憶《きおく》していました。

私《わたし》たちは国《くに》や組織《そしき》，年齢《ねんれい》など多《おお》くのカテゴリーに所属《しょぞく》しています。そして，それぞれのカテゴリーに先入観《せんにゅうかん》や固定概念《こていがいねん》などをいだきがちです。たとえば，ビール好《ず》きのドイツ人《じん》に会《あ》うと「やっぱりビールが好《す》きなんだ」と思《おも》い，ビールぎらいのドイツ人《じん》に会《あ》うと「変《か》わったドイツ人《じん》だ」と思《おも》うのではないでしょうか。こうした心理《しんり》を「ステレオタイプ」といいます。

私《わたし》たちが生《い》きる社会《しゃかい》はとても複雑《ふくざつ》です。その中《なか》でうまくふるまうには，自分《じぶん》とまわりとの関係性《かんけいせい》を，すばやく効率的《こうりつてき》に判断《はんだん》する必要《ひつよう》があります。そのために，ステレオタイプをうまく利用《りよう》しているのです。

しかし，**ステレオタイプは「偏見《へんけん》」や「差別《さべつ》」につながる可能性《かのうせい》もあります。これを防《ふせ》ぐには，他者《たしゃ》を個別《こべつ》にみてより正確《せいかく》に理解《りかい》しようとしたり，他者《たしゃ》が所属《しょぞく》する複数《ふくすう》のカテゴリーに目《め》を向《む》けたりすることが大切《たいせつ》になります。**

Column

コーヒーブレーク

脳《のう》は簡単《かんたん》に だまされてしまう！

私《わたし》たちの心《こころ》のはたらきは，コンピューターほど正確《せいかく》ではありません。心《こころ》には，さまざまな“くせ”があるのです。

「錯視《さくし》」は，まさに心《こころ》のくせをうまく利用《りよう》したものです。たとえば①の図《ず》では，白《しろ》と黒《くろ》のタイルのうち，AとBのタイルの明《あか》るさがことなっているようにみえます。しかし実《じつ》は，この二《ふた》つのタイルの明《あか》るさは，印刷上《いんさつじょう》まったく同《おな》じです。**この錯視《さくし》は，脳《のう》が「Bは暗《くら》くみえるが，もともとは白《しろ》いタイルであるはず」と，判断《はんだん》することで生《しょう》じているのです。**

たとえ，目《め》の前《まえ》の物体《ぶったい》の明《あか》るさが変化《へんか》しても，私《わたし》たちの脳《のう》はそれが同《おな》じものだと判断《はんだん》できます。目《め》に入《はい》ってきた光《ひかり》の情報《じょうほう》が変《か》わろうとも，私《わたし》たちの心《こころ》はつねに観測対象《かんさつたいしょう》を「同《おな》じもの」だと知覚《ちかく》できるのです。つまり，脳《のう》が視覚情報《しかくじょうほう》を勝手《かって》に補完《ほかん》することで，このような不思議《ふしぎ》な見《み》え方《かた》をするのです。

① 二《ふた》つのタイルは同《おな》じ明《あか》るさ

Aのタイルと Bのタイルは，まったく同《おな》じ明《あか》るさです。明《あか》るさがことなっているようにみえるのは，「Bのタイルはもともと白《しろ》いが，円柱《えんちゅう》の影《かげ》のせいで暗《くら》くみえている」というように，脳《のう》が状況《じょうきょう》を補正《ほせい》した結果《けっか》です。

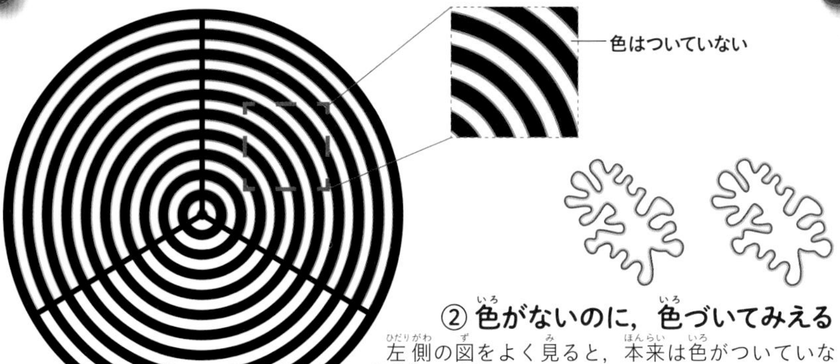

② 色《いろ》がないのに，色《いろ》づいてみえる

左側《ひだりがわ》の図《ず》をよく見《み》ると，本来《ほんらい》は色《いろ》がついていない領域《りょういき》にも色《いろ》がついているようにみえます。このように，色《いろ》が広《ひろ》がってみえる効果《こうか》のことを「水彩効果《すいさいこうか》」といいます。右上《みぎうえ》の図《ず》では，図形《ずけい》の内側《うちがわ》が縁取《ふちど》られている場《ば》合《あい》は色《いろ》が内側《うちがわ》に広《ひろ》がっているようにみえるのに，図形《ずけい》の外側《そとがわ》が縁取《ふちど》られている場合《ばあい》は，そうはみえません。

③ 二《ふた》つ並《なら》ぶと傾《かたむ》いてみえる

左右《さゆう》の画像《がぞう》は，イタリアにある世界遺産《せかいいさん》，ピサの斜塔《しゃとう》の同《おな》じ写真《しゃしん》です。しかし，右側《みぎがわ》の塔《とう》のほうが大《おお》きく傾《かたむ》いているようにみえます。このような錯視《さくし》を「斜塔錯視《しゃとうさくし》」といいます。

悪徳商法《あくとくしょうほう》の巧妙《こうみょう》なテクニックとは

「やっかいな依頼《いらい》」の前《まえ》に,「ささいな依頼《いらい》」

ここで,悪徳商法《あくとくしょうほう》に使《つか》われる心《しん》理《り》テクニックを紹介《しょうかい》します。

「お時間《じかん》をとらせませんので,簡単《かんたん》なアンケートに答《こた》えてください」というような依頼《いらい》を,電話《でんわ》や道端《みちばた》でされたことはありませんか。実《じつ》は,彼《かれ》らの目的《もくてき》がアンケート調《ちょう》査《さ》とは限《かぎ》りません。アンケートに答《こた》えたあとで,どこそこへ来《き》て話《はなし》を聞《き》いてほしいといった,「やっかいな依頼《いらい》」をされることがあります。これは悪徳商法《あくとくしょうほう》の手段《しゅだん》であり,「フット・イン・ザ・ドア・テクニック」(段階化《だんかいか》テクニック)とよばれるものです。

フット・イン・ザ・ドア・テクニックは,セールス業者《ぎょうしゃ》が訪問先《ほうもんさき》の「ドアを開《あ》けてもらう」という「ささいな依頼《いらい》」を承諾《しょうだく》してもらい,その後《ご》,ドアに足《あし》を入《い》れて閉《し》めさせないようにして,物《もの》を買《か》ってもらうなどの「本命《ほんめい》の依頼《いらい》」をするようすからついた名称《めいしょう》です。**急《きゅう》にもちかけられたら承諾《しょうだく》しにくい依頼《いらい》でも,「ささいな依頼《いらい》」を引《ひ》き受《う》けたあとなら,つい引《ひ》き受《う》けてしまうという心理《しんり》を利用《りよう》しています。**

フット・イン・ザ・ドア・テクニックの効果《こうか》は,1966年《ねん》にアメリカの心理学者《しんりがくしゃ》ジョナサン・フリードマン(1937～)らの実験《じっけん》※によって確《たし》かめられました。

「フット・イン・ザ・ドア・テクニック」の実験《じっけん》

研究《けんきゅう》グループが消費生活《しょうひせいかつ》の調《ちょう》査員《さいん》を名《な》のり,主婦《しゅふ》に「自宅《じたく》の家財道具《かざいどうぐ》の調査《ちょうさ》」というやっかいな依頼《いらい》をしたところ,引《ひ》き受《う》けてくれたのは約《やく》22%(36人中《にんちゅう》8人《にん》)でした。

一方《いっぽう》,アンケートというささいな依頼《いらい》を引《ひ》き受《う》けてくれた主《しゅ》婦《ふ》に同《おな》じ依頼《いらい》をしてみると,約《やく》53%(36人中《にんちゅう》19人《にん》)が引《ひ》き受《う》けてくれました。

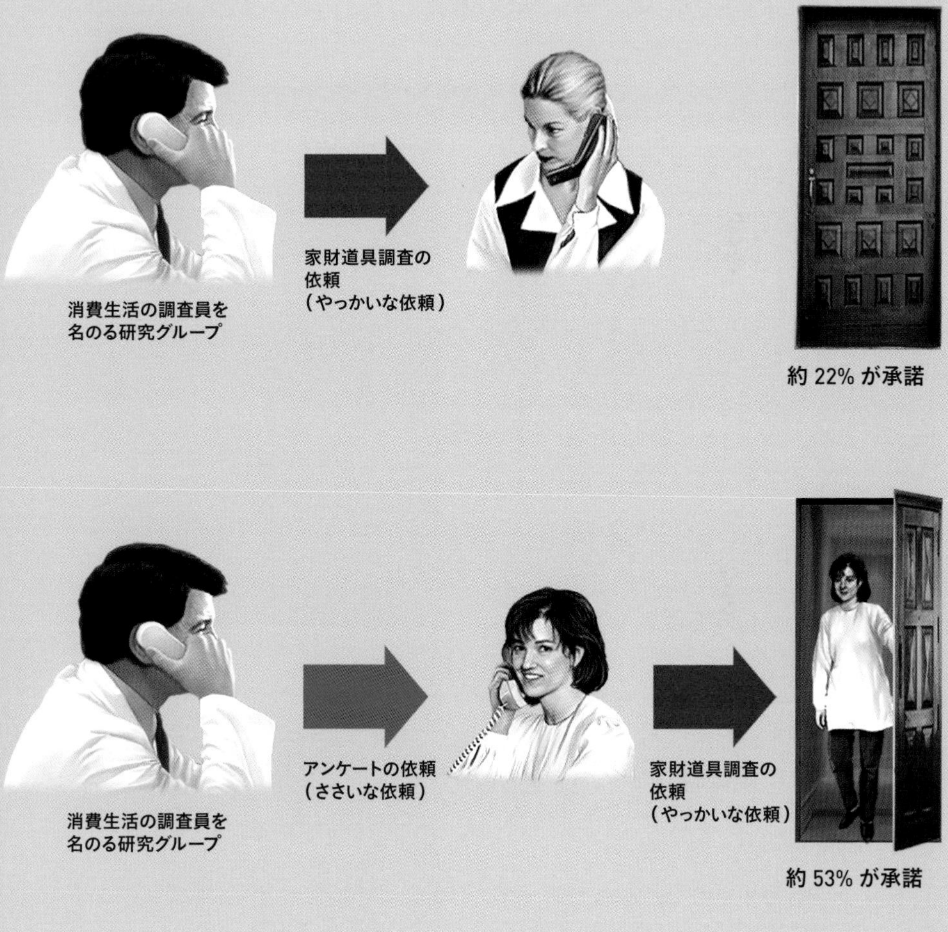

※：Freedman, J.L. and Fraser, S.C.（1966）. Compliance without pressure: The foot-in-the-door technique. Journal of Personality and Social Psychology, 4(2), 195–202.

「チャンスは今《いま》だけ」にあやつられる心理《しんり》

残《のこ》り時間《じかん》が少《すく》なくなると，魅力的《みりょくてき》にみえてくる

悪《あく》徳商法《とくしょうほう》に使《つか》われる心理《しんり》テクニックには，「閉店時刻効果《へいてんじこくこうか》」とよばれるものもあります。

ほしいものを手《て》に入《い》れられる時間《じかん》が残《のこ》り少《すく》なくなると，その対象《たいしょう》がより魅力的《みりょくてき》に思《おも》えてくる効果《こうか》です。勧誘《かんゆう》の場面《ばめん》で「チャンスは今《いま》だけ」などといわれると，誘《さそ》いを受《う》けてしまいたくなるのは，この心理効果《しんりこうか》によるものといわれます。

閉店時刻効果《へいてんじこくこうか》は，1990年《ねん》にアメリカの心理学者《しんりがくしゃ》ブライアン・グラデューらによって確《たし》かめられました※。彼《かれ》らがダンスバーにいる客《きゃく》に，「店内《てんない》にいる異性《いせい》がどのくらい魅力的《みりょくてき》に感《かん》じられるか」とたずねてまわったところ，閉店時刻《へいてんじこく》が近《ちか》づくにつれて異性《いせい》が魅力的《みりょくてき》にみえてくる傾向《けいこう》にありました。

悪徳商法《あくとくしょうほう》とはいえませんが，スーパーのタイムサービスや期間限定《きかんげんてい》商品《しょうひん》の販売《はんばい》なども，閉店時刻効果《へいてんじこくこうか》をねらったものといえます。

※：Gladue, B. A. and Delaney, H. J. (1990). Gender differences in perception of attractiveness of men and women in bars. Personality and Social Psychology Bulletin, 16(2), 378-391.

閉店《へいてん》時刻《じこく》効果《こうか》

ある対象《たいしょう》にアプローチする時間《じかん》が残《のこ》り少《すく》なくなると，その対象《たいしょう》がより魅力的《みりょくてき》に思《おも》えてくること。タイムサービスや期間限定品《きかんげんていひん》などの効果《こうか》としても使《つか》われています。

うわさの広《ひろ》まりやすさを示《しめ》す法則《ほうそく》

うわさの「重大《じゅうだい》さ」と「あいまいさ」の積《せき》に比例《ひれい》する

集団《しゅうだん》が一度《いちど》にだまされてしまうこともあります。その典《てん》型的《けいてき》なものが「うわさ」です。

地震《じしん》や病気《びょうき》の流行《りゅうこう》などの社会《しゃかい》情報《じょうほう》に関《かん》するうわさは，「流言《りゅうげん》」といいます。**アメリカの心理学者《しんりがくしゃ》のゴードン・オルポート（1897～1967）は，流言《りゅうげん》の広《ひろ》がりやすさを，「$R \sim i \times a$」という式《しき》にあらわしました。「R」はうわさの広《ひろ》がりやすさ，「i」は情報《じょうほう》の重要《じゅうよう》さ，「a」は情報《じょうほう》に対《たい》する証拠《しょうこ》のあいまいさ，「～」は比例《ひれい》を意味《いみ》する記号《きごう》です。**この式《しき》は「流言《りゅうげん》の法則《ほうそく》」とよばれます。

流言《りゅうげん》の法則《ほうそく》によれば，情報《じょうほう》の重《じゅう》要《よう》さ（i）と情報《じょうほう》に対《たい》する証拠《しょうこ》のあいまいさ（a）が大《おお》きいほど，うわさの広《ひろ》がりやすさ（R）も大《おお》きくなります。しかし，どちらか一方《いっぽう》がゼロになると，うわさの広《ひろ》がりやすさはゼロになります。

この法則《ほうそく》にあてはまる例《れい》が，1973年《ねん》に愛知県《あいちけん》でおきた，ある信《しん》用金庫《ようきんこ》の騒動《そうどう》です。ことの発端《ほったん》は，「どこそこの信用金庫《しんようきんこ》は危《あぶ》ないらしい」という，地元《じもと》の女子高生《じょしこうせい》のたわいもないうわさ話《ばなし》でした。ところが，このうわさが人《ひと》づてに広《ひろ》がり，信用金庫《しんようきんこ》の窓口《まどぐち》に預金《よきん》を下《お》ろそうとする人々《ひとびと》が詰《つ》めかけたのです。この地域《ちいき》では，数年前《すうねんまえ》に実《じっ》際《さい》に金融機関《きんゆうきかん》が破綻《はたん》したことも影《えい》響《きょう》したようです。

このうわさ話《はなし》がなぜここまで広《ひろ》がったのか，流言《りゅうげん》の法則《ほうそく》にあてはめて考《かんが》えてみましょう。まず，信《しん》用金庫《ようきんこ》の破綻《はたん》は自分《じぶん》の財産《ざいさん》に直結《ちょっけつ》する重要《じゅうよう》なこと（i）です。そして，過去《かこ》にこの地域《ちいき》で金融機関《きんゆうきかん》が破綻《はたん》していたため，人々《ひとびと》の意識《いしき》の中《なか》に「信用金庫《しんようきんこ》が安全《あんぜん》だという確信《かくしん》はない」という，情報《じょうほう》に対《たい》する証拠《しょうこ》のあいまいさ（a）も大《おお》きかったと考《かんが》えられます。その結果《けっか》，うわさ（R）が大《おお》きく広《ひろ》まったのです。

流言《りゅうげん》の法則《ほうそく》「$R \sim i \times a$」

心理学者《しんりがくしゃ》オルポートが提唱《ていしょう》した，「$\boldsymbol{R} \sim \boldsymbol{i} \times \boldsymbol{a}$」という式《しき》であらわされる法則《ほうそく》。うわさの広《ひろ》まりやすさ（$\boldsymbol{R}$）は，うわさの重大《じゅうだい》さ（$\boldsymbol{i}$）とうわさのあいまいさ（$\boldsymbol{a}$）の積《せき》に比例《ひれい》（〜）します。

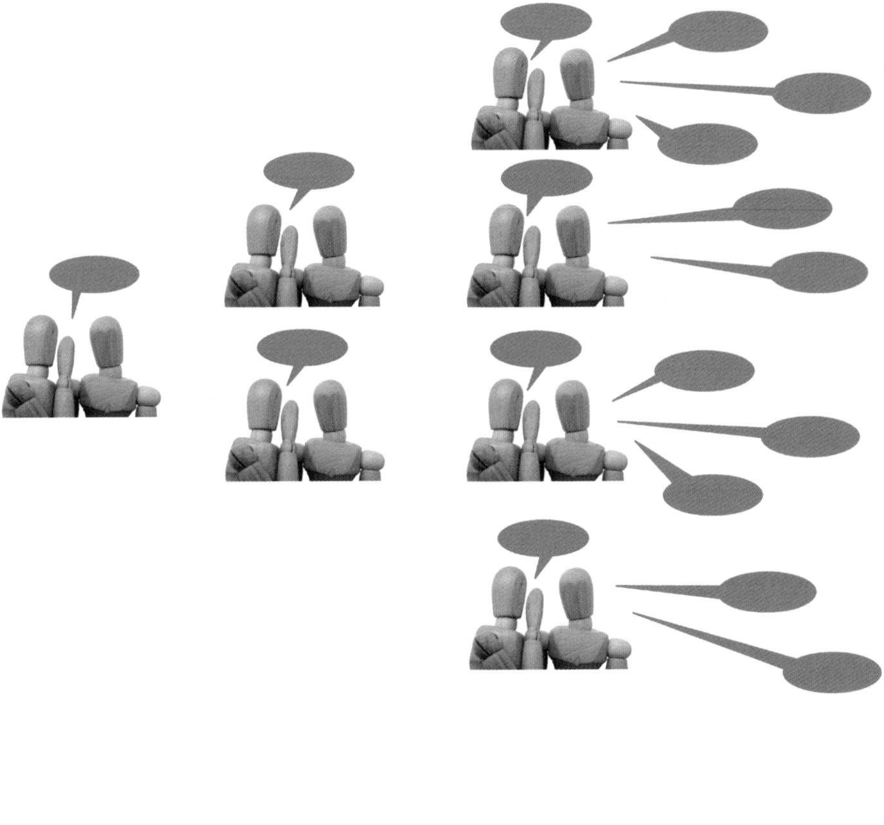

無実《むじつ》の容疑者《ようぎしゃ》が自白《じはく》する心理《しんり》とは

警察《けいさつ》がまちがえるはずがないと思《おも》いこんでしまう！

無《む》実《じつ》の人《ひと》が犯罪者《はんざいしゃ》となる「冤《えん》罪《ざい》」は，疑《うたが》われた人《ひと》が罪《つみ》を認《みと》めるうその自白《じはく》をするためにおきるケースが多《おお》いといいます。**無《む》実《じつ》の人《ひと》がうその自白《じはく》をしてしまうパターンには，大《おお》きく分《わ》けて3種《しゅ》類《るい》あるといいます。**

一《ひと》つ目《め》は，だれかの身《み》がわりとなるためにみずから進《すす》んでうその自白《じはく》をするものです。二《ふた》つ目《め》は取《と》り調《しら》べの圧力《あつりょく》に耐《た》えきれず，自分《じぶん》が犯人《はんにん》でないと自覚《じかく》しながらうその自白《じはく》をするものです。そして三《みっ》つ目《め》は，取《と》り調《しら》べの最中《さいちゅう》に「ひょっとしたら自分《じぶん》は犯人《はんにん》かもしれない」と自分《じぶん》を疑《うたが》いはじめ，うその自白《じはく》をするものです。

なぜ，無実《むじつ》の人《ひと》が自分《じぶん》を犯人《はんにん》だと疑《うたが》ってしまうのでしょうか。この原因《げんいん》となる取《と》り調《しら》べの方法《ほうほう》がいくつか考《かんが》えられていますが，その中《なか》に次《つぎ》の2点《てん》があります。

一《ひと》つは，容疑者《ようぎしゃ》の記憶《きおく》がたよりにならないことを納得《なっとく》させる取《と》り調《しら》べです。容疑者《ようぎしゃ》にアルコールを飲《の》むと記憶《きおく》がなくなる習性《しゅうせい》が提示《ていじ》され，容疑者《ようぎしゃ》が自分《じぶん》の記憶力《きおくりょく》に不《ふ》信感《しんかん》をもつようになった場合《ばあい》です。

もう一《ひと》つは，何《なに》か物的証拠《ぶってきしょうこ》を提《てい》示《じ》する取《と》り調《しら》べです。無実《むじつ》の場合《ばあい》，提示《ていじ》された証拠《しょうこ》は鑑定《かんてい》ミスか，自《じ》白《はく》をとろうとした取《と》り調《しら》べ官《かん》のうそである可能性《かのうせい》があります。しかし人《ひと》は，警察《けいさつ》がまちがえたり，うそをついたりするはずはないと考《かんが》える傾向《けいこう》があるようです。

こうして無実《むじつ》の人《ひと》が，自分《じぶん》を犯《はん》人《にん》ではないかと疑《うたが》って，うその自《じ》白《はく》をしてしまうのです。

1. 実験参加者《じっけんさんかしゃ》（75人《にん》）に，一定《いってい》の速度《そくど》でパソコンのキーを打《う》つよう指示《しじ》を出《だ》す。

このとき，「もしパソコンのAltキーを押《お》してしまった場合《ばあい》，データがすべて消《き》えてしまうので，Altキーは押《お》さないように」と念《ねん》を押《お》す。

↓

作業開始《さぎょうかいし》

→

2. 作業《さぎょう》の途中《とちゅう》で，突然《とつぜん》パソコンが停止《ていし》する（実《じつ》は最初《さいしょ》から仕組《しく》まれている）。

↓

3. 研究《けんきゅう》グループが，「Altキーを押《お》したのではないか」と参加者《さんかしゃ》を問《と》いつめる。

→

4. 部屋《へや》を出《で》た参加者《さんかしゃ》に，別《べつ》の参加者《さんかしゃ》（参加者《さんかしゃ》になりすました研究《けんきゅう》グループの人《ひと》）が，何《なに》がおきたのかを聞《き》きだす。

うその自白《じはく》をしてしまう実験《じっけん》

パソコンのAltキーを打《う》ったか打《う》たなかったかというあいまいな記憶《きおく》について問《と》いつめられると，28％におよぶ参加者《さんかしゃ》が，自《じ》分《ぶん》を疑《うたが》うようになりました。パソコンのキーを打《う》った，打《う》たないという記憶《きおく》はあいまいなものです。自分《じぶん》の記憶《きおく》への不信感《ふしんかん》が大《おお》きいとき，人《ひと》がいかに弱《よわ》くなるかを示《しめ》した実験《じっけん》でした。

自分《じぶん》がAltキーを押《お》したためにパソコンが停止《ていし》したと思《おも》いこんでいた人《ひと》の割合《わりあい》

28％

たくさん見《み》ると好《す》きになる

CMなどにもよく使《つか》われる「単純接触効果《たんじゅんせっしょくこうか》」とは？

人《ひと》は，どのような他者《たしゃ》に好意《こうい》をいだくのでしょうか。これは「対人魅力《たいじんみりょく》」といって，社会心理学《しゃかいしんりがく》における大《おお》きなテーマの一《ひと》つです。

たとえば，好《す》きな人《ひと》の姿《すがた》を思《おも》わず目《め》で追《お》ってしまうことがあります。このようなとき，「好《す》きだから見《み》る」と考《かんが》えるでしょう。ところが，アメリカの社会心理学者《しゃかいしんりがくしゃ》ロバート・ザイアンス（1923〜2008）が発表《はっぴょう》した研究《けんきゅう》によると，「見《み》るから好《す》きになる」という因果関係《いんがかんけい》もあることが明《あき》らかになりました。これを「単純接触効果《たんじゅんせっしょくこうか》」または「ザイアンスの法則《ほうそく》」とよびます。

ザイアンスは，複数《ふくすう》の見知《みし》らぬ人《ひと》の顔《かお》の画像《がぞう》を実験参加者《じっけんさんかしゃ》たちに見《み》せ，好《この》みを判断《はんだん》してもらうという実験《じっけん》を行《おこな》いました。すると，表示回数《ひょうじかいすう》が多《おお》い画像《がぞう》ほど，好《この》まれる割合《わりあい》が高《たか》くなったのです。

単純接触効果《たんじゅんせっしょくこうか》がおきる理由《りゆう》は，くりかえし接触《せっしょく》することで，それを「あってあたりまえ」だと私《わたし》たちが錯覚《さっかく》するからだと考《かんが》えられています。あってあたりまえと記憶《きおく》することにより，人《ひと》はそれをすばやく認知《にんち》できるようになります。これを「認知的流暢性《にんちてきりゅうちょうせい》」といいます。そして，「これだけすばやく認知《にんち》できるのは，自分《じぶん》にとって好《この》ましいものだからだ」と感《かん》じるようになるのです。

見《み》た回数《かいすう》が多《おお》いと好感度《こうかんど》が上《あ》がる

単純接触効果《たんじゅんせっしょくこうか》は，CMなどにも利用《りよう》されています。ビルの壁面《へきめん》や屋上《おくじょう》，電車《でんしゃ》の車内《しゃない》，雑誌《ざっし》，テレビ，スマートフォンなど，あらゆる場面《ばめん》で同《おな》じ広告《こうこく》を見《み》つづけることで単純接触効果《たんじゅんせっしょくこうか》がおき，その商品《しょうひん》に対《たい》する好意《こうい》が高《たか》まって，ほしくなったり，店頭《てんとう》などでみつけるとつい買《か》ってしまったりするというわけです。

まるで果物
そのものみたい！
レモン
ジュース
新発売

まるで果物
そのものみたい！
レモンジュース
新発売

まるで果物
そのものみたい！
レモンジュース
新発売

まるで果物
そのものみたい！
レモン
ジュース
新発売

キーワードを入力
検索
ベテルギウスの減光の理由
まるで果物
そのものみたい！
レモン
ジュース
新発売

「怖《こわ》い！」が恋《こい》のドキドキにすりかわる？

つり橋《はし》を渡《わた》るドキドキを恋愛感情《れんあいかんじょう》だと錯覚《さっかく》する

「恋《こい》のつり橋効果《はしこうか》」とは

高所《こうしょ》のつり橋《はし》を渡《わた》る際《さい》に生《しょう》じたドキドキを，好意《こうい》をもっている人《ひと》への恋愛感情《れんあいかんじょう》で生《しょう》じるドキドキと錯覚《さっかく》する現象《げんしょう》です。もちろん，人《ひと》の感情《かんじょう》は複雑《ふくざつ》に作用《さよう》するので，もともと相性《あいしょう》が悪《わる》い関係《かんけい》ではこういった人《ひと》の好意《こうい》に関《かん》する心理《しんり》が逆効果《ぎゃくこうか》となる，といった可能性《かのうせい》もあります。

恋《れん》愛《あい》に関《かん》する心理学《しんりがく》では，「恋《こい》のつり橋効果《はしこうか》」が有名《ゆうめい》です。これは，高所《こうしょ》にかかっているゆれるつり橋《はし》を好意《こうい》をもっている人《ひと》といっしょに渡《わた》ると，恋《こい》に発展《はってん》しやすくなるというものです。**高所《こうしょ》のつり橋《はし》を渡《わた》る際《さい》に心拍数《しんぱくすう》が上《あ》がる現象《げんしょう》を，愛情《あいじょう》によって生《しょう》じたものだと錯覚《さっかく》してしまうというわけです。**

この実験《じっけん》を行《おこな》ったのは，カナダの社会心理学者《しゃかいしんりがくしゃ》ドナルド・ダットンとアーサー・アロンです。その背景《はいけい》には，アメリカの心理学者《しんりがくしゃ》スタンレー・シャクター（1922 ～ 1997）らが提《てい》案《あん》した「感情《かんじょう》は体《からだ》の生理的変化《せいりてきへんか》を認《にん》知《ち》したあとに生《しょう》じるものである」という説《せつ》がありました。これは，「好《す》きだからドキドキする」のではなく，「ドキドキする！ もしかして恋《こい》？」という順番《じゅんばん》が正《ただ》しいとする説《せつ》です。

この説《せつ》が正《ただ》しければ，まちがった認知《にんち》を誘導《ゆうどう》することで，感情《かんじょう》をコントロールすることができます。つまり，つり橋《はし》を渡《わた》ることで生《しょう》じたドキドキを，恋愛感情《れんあいかんじょう》であると錯覚《さっかく》させることができるというわけです。

Column

コーヒーブレーク

他人《たにん》への共感《きょうかん》にかかわる脳細胞《のうさいぼう》

喜《き》怒哀楽《どあいらく》は基本的《きほんてき》に，自分《じぶん》の置《お》かれた環境《かんきょう》に対《たい》して生《しょう》じるものです。一方《いっぽう》，感情《かんじょう》には，いとおしさや嫉妬《しっと》，うらみなど，自分《じぶん》と他人《たにん》との関係《かんけい》においてみられるものも多《おお》くあります。これらは「社会的感情《しゃかいてきかんじょう》」とよばれます。

現代《げんだい》の人間《にんげん》の感情《かんじょう》を生《う》むしくみは，農耕時代以前《のうこうじだいいぜん》の約《やく》300万年前《まんねんまえ》から約《やく》3万年前《まんねんまえ》までの生活《せいかつ》や環境《かんきょう》のもとで発達《はったつ》したと考《かんが》えられています。とくに社会的感情《しゃかいてきかんじょう》の多《おお》くは，特定《とくてい》の仲間《なかま》と長《なが》く関係《かんけい》をともにするようになったことで，つくられてきたと考《かんが》えられています。

また，私《わたし》たちは，感情《かんじょう》を自覚《じかく》するだけでなく，ほかのだれかにおきたできごとを自分《じぶん》のことのように怒《おこ》ったり，悲《かな》しんだりすることがあります。つまり，他人《たにん》の感情《かんじょう》に共感《きょうかん》できるのです。

共感《きょうかん》のしくみに深《ふか》くかかわっているかもしれないと考《かんが》えられている脳細胞《のうさいぼう》に，「ミラーニューロン」があります。ミラーニューロンとは，自分《じぶん》が何《なに》かをしたときや，その何《なに》かをほかの人《ひと》がしているのを見《み》たときに活動《かつどう》する神経細胞《しんけいさいぼう》（ニューロン）の総称《そうしょう》です。

感情《かんじょう》にかかわる脳《のう》の部位《ぶい》にはどこもミラーニューロン的《てき》なものがあり，ほかの人《ひと》の感情《かんじょう》を読《よ》み取《と》る際《さい》にはたらいていると考《かんが》えられています。

共感《きょうかん》のかぎをにぎるミラーニューロン

1996年《ねん》にサルを使《つか》った実験《じっけん》で偶然《ぐうぜん》，ミラーニューロンがみつかりました。その後《ご》，ミラーニューロンはヒトにもあることが確認《かくにん》されました。ミラーニューロンは，自分《じぶん》が動作《どうさ》したときにも，ほかの人《ひと》の同《おな》じ動作《どうさ》を見《み》たときにも反応《はんのう》します。

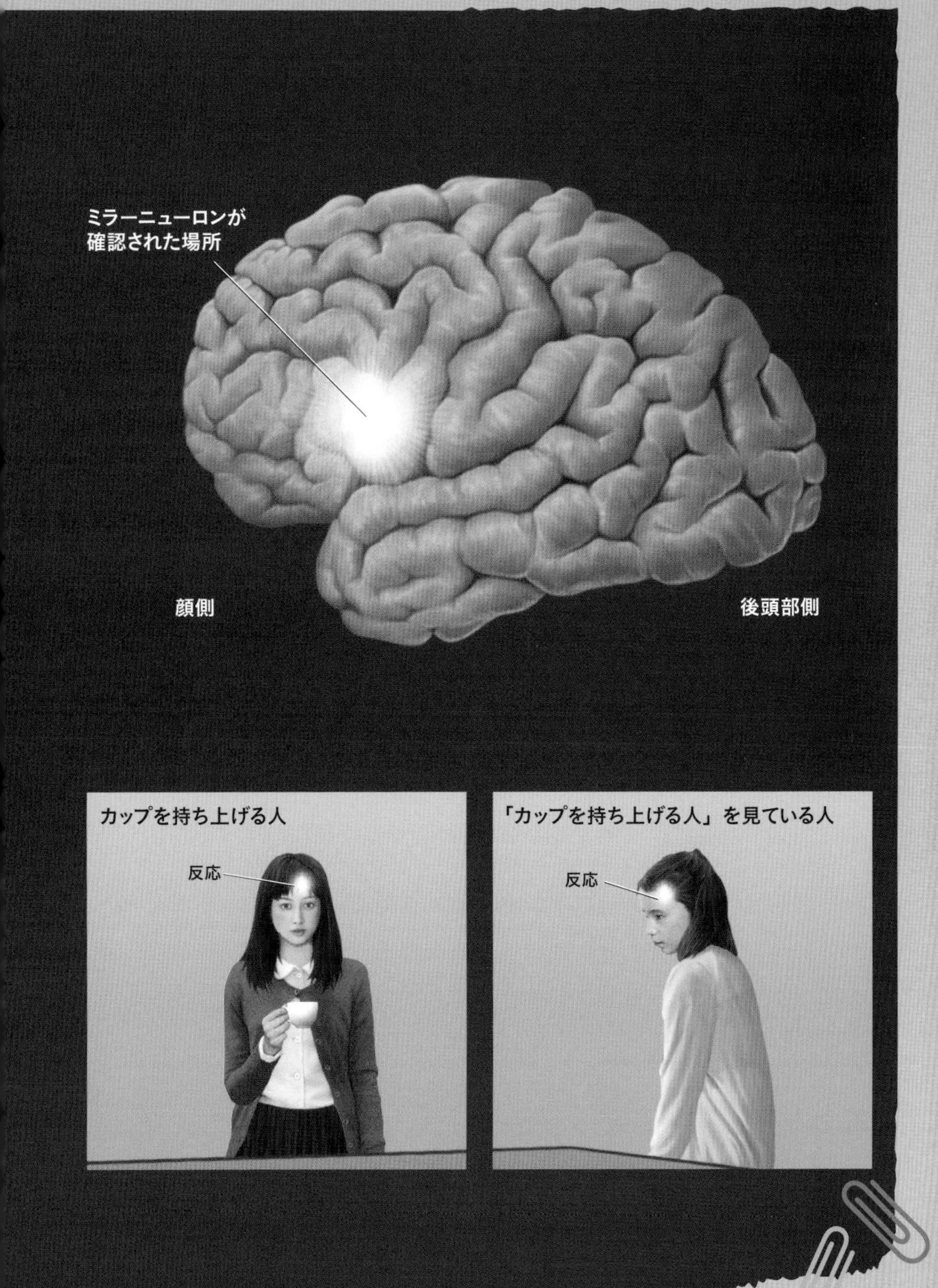
ミラーニューロンが
確認された場所
顔側
後頭部側
カップを持ち上げる人
反応
「カップを持ち上げる人」を見ている人
反応

4

損得勘定《そんとくかんじょう》の心理学《しんりがく》

どちらが得《とく》か，どうすれば損《そん》をしないのか。私《わたし》たちはふだん，さまざまな損得《そんとく》を判断《はんだん》しています。そしてその判断《はんだん》は，状況《じょうきょう》によって変《か》わることがわかってきています。4章《しょう》では身近《みぢか》な例《れい》を題材《だいざい》に，損得《そんとく》を判断《はんだん》する心《こころ》のルールについてみていきましょう。

10000
5000
10000

$ 0.99

損得勘定の心理学

損得《そんとく》の判断《はんだん》は，状況《じょうきょう》によって変《か》わる

近《ちか》い将来《しょうらい》の選択《せんたく》か，遠《とお》い将来《しょうらい》の選択《せんたく》かで変化《へんか》する

A. 早《はや》く食《た》べる？　ふえるのを待《ま》つ？

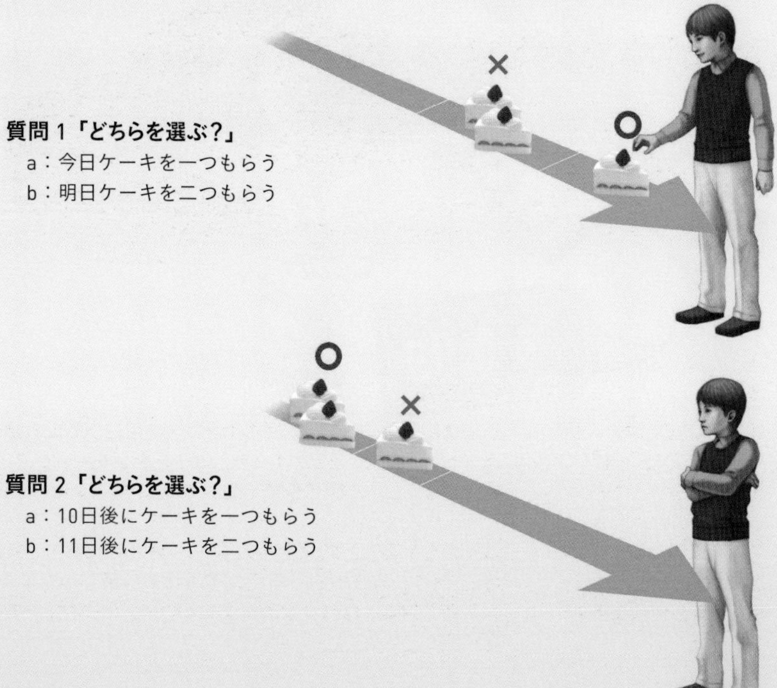

まずは二《ふた》つの質問《しつもん》をします。あなたなら，どちらを選《えら》びますか？

質問《しつもん》1：今日《きょう》ケーキを一《ひと》つもらうか，明日《あした》ケーキを二《ふた》つもらうか。

質問《しつもん》2：10日後《にちご》にケーキを一《ひと》つもらうか，11日後《にちご》にケーキを二《ふた》つもらうか。

実験《じっけん》では，質問《しつもん》1に「今日《きょう》ケーキを一《ひと》つもらう」と答《こた》えた人《ひと》が多《おお》く，質問《しつもん》2に「11日後《にちご》にケーキを二《ふた》つもらう」と答《こた》えた人《ひと》が多《おお》くなりました。

質問《しつもん》1で「今日《きょう》ケーキを一《ひと》つもらう」(一《ひと》つでいいから早《あや》く食《た》べたい)と答《こた》えた人《ひと》が多《おお》いのなら，質問《しつもん》2でも「10日後《にちご》にケーキを一《ひと》つもらう」と答《こた》える人《ひと》が多《おお》いように思《おも》えます。しかし実際《じっさい》には，**近《ちか》い将来《しょうらい》の選択《せんたく》か遠《とお》い将来《しょうらい》の選択《せんたく》かで，判断《はんだん》が変《か》わることがあるのです。**

つづいては，少《すこ》しむずかしい質問《しつもん》です。コインを何度《なんど》も投《な》げたとき，最《もっと》も出《で》やすいパターンは，下《した》のa～cのうちどれだと思《おも》いますか？　この回答《かいとう》にも，心《こころ》のくせがあらわれることがあります。くわしくは，次《つぎ》のページで説明《せつめい》します。

B. 出《だ》やすいのはどれ？

コインを何度も投げるとき，いちばん出やすいパターンはa～cのどれ?

a：裏表裏裏裏

b：表裏表裏裏裏

c：表裏裏裏裏裏

Aの回答《かいとう》

決《き》まった正解《せいかい》はありません。実験《じっけん》では，質問《しつもん》1にaの「今日《きょう》ケーキを一《ひと》つもらう」と答《こた》えた人《ひと》が多《おお》く，質問《しつもん》2にbの「11日後《にちご》にケーキを二《ふた》つもらう」と答《こた》えた人《ひと》が多《おお》くなりました。

Bの回答《かいとう》

正解《せいかい》はaです。コインを1回《かい》投《な》げるとき，裏《うら》も表《おもて》も出《で》る確率《かくりつ》はどれも同《おな》じで，2分《ぶん》の1です。コインを5回《かい》投《な》げてaになる確率《かくりつ》は，2分《ぶん》の1の5乗《じょう》で「32分《ぶん》の1」です。コインを6回《かい》投《な》げてbになる確率《かくりつ》は，2分《ぶん》の1の6乗《じょう》で「64分《ぶん》の1」です。コインを6回《かい》投《な》げてcになる確率《かくりつ》も，2分《ぶん》の1の6乗《じょう》で「64分《ぶん》の1」です。つまり投《な》げる回数《かいすう》が同《おな》じならば，どのパターンも同《おな》じ確率《かくりつ》になります（トベルスキーとカーネマンの問《もん》題《だい》を改変《かいへん》)。

損得勘定の心理学

その特売品《とくばいひん》は ほんとうにお得《とく》？

直感《ちょっかん》にたよるしくみが，判断《はんだん》をくるわせる

厳《げん》密《みつ》に検討《けんとう》するかわりに使《つか》われる直感《ちょっかん》を，「ヒューリスティクス」といいます。

ヒューリスティクスは，便利《べんり》なものです。私《わたし》たちは毎日《まいにち》，ぼう大《だい》な数《かず》の判断《はんだん》をしています。もし，すべての判断《はんだん》について必要《ひつよう》な情報《じょうほう》を集《あつ》めて検討《けんとう》していたら，時間《じかん》がなくなってしまいます。**私《わたし》たちはヒューリスティクスによって，思考《しこう》を省略《しょうりゃく》しているのです。**

ただし，ヒューリスティクスを使《つか》った結果《けっか》，判断《はんだん》を誤《あやま》ってしまうこともあります。たとえばあなたが，1万円《まんえん》の服《ふく》を買《か》うかどうかで悩《なや》んでいるとします。あなたには，その商品《しょうひん》の適正《てきせい》な価格《かかく》がわかりません。しかし，「定価《ていか》13,000円《えん》，特価《とっか》10,000円《えん》」と値札《ねふだ》にあったら，「安《やす》い！」と思《おも》うのではないでしょうか。

実《じつ》は93ページのコインの問題《もんだい》も，ヒューリスティクスを使《つか》うと判断《はんだん》を誤《あやま》ってしまう例《れい》です。bと答《こた》えた人《ひと》は，計算《けいさん》をするかわりに，「最《もっと》も見《み》なれたパターン」という基準《きじゅん》でぱっと答《こた》えを選《えら》んでしまったのではないでしょうか。

セール品《ひん》の値札《ねふだ》にひそむ心理効果《しんりこうか》

値札《ねふだ》に値引《ねび》き前《まえ》の定価《ていか》が書《か》いてあると，定価《ていか》を基準《きじゅん》に商品《しょうひん》の価値《かち》を評価《ひょうか》してしまいます。定価《ていか》が，船《ふね》のいかり（アンカー）のようなはたらきをすることから，「アンカリング効果《こうか》」といいます。値札《ねふだ》に値引《ねび》き前《まえ》の定価《ていか》を書《か》くのは，アンカリング効果《こうか》をねらった売《う》り手《て》の戦略《せんりゃく》でもあります。

SALE
£795
£495.

損得勘定の心理学

確実《かくじつ》にもうけるか？ 賭《か》けにいどむか？

聞《き》き方《かた》が変《か》わると選択《せんたく》も変《か》わる

あなたは堅実派《けんじつは》？　冒険派《ぼうけんは》？

質問《しつもん》1では，はじめに1万円《まんえん》をもらい，さらに5000円《えん》をもらう（a）か，50％の確率《かくりつ》で1万円《まんえん》をもらえる賭《か》けにいどむ（b）かを選《えら》びます。つづけて質問《しつもん》2では，はじめに2万円《まんえん》をもらい，5000円《えん》を返《かえ》す（a）か，50％の確率《かくりつ》で1万円《まんえん》を返《かえ》すか返《かえ》さずにすむかの賭《か》けにいどむ（b）かを選《えら》びます。実験《じっけん》の結果《けっか》，質問《しつもん》1ではaを，質問《しつもん》2ではb を選《えら》ぶ人《ひと》が多《おお》くなりました。

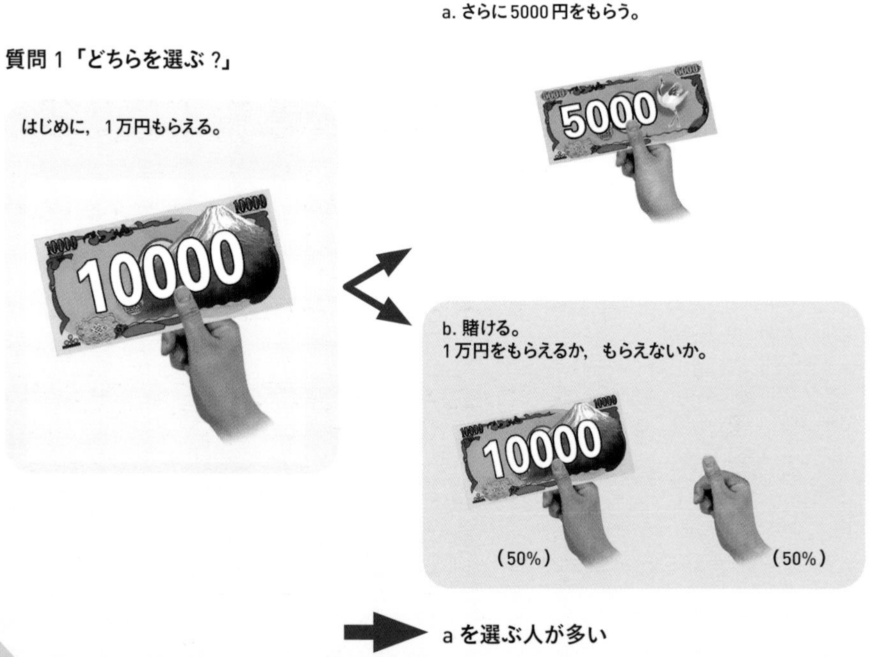

下《した》の図《ず》は，確実《かくじつ》なもうけをとるか賭《か》けにいどむか，どちらかを選《えら》ぶ実験《じっけん》です。

質問《しつもん》1では，はじめに1万円《まんえん》をもらい，さらに5000円《えん》をもらう（a）か，50%の確率《かくりつ》で1万円《まんえん》をもらえる賭《か》けにいどむ（b）かを選《えら》びます。つづけて質問《しつもん》2では，はじめに2万円《まんえん》をもらい，5000円《えん》を返《かえ》す（a）か，50%の確率《かくりつ》で1万円《まんえん》を返《かえ》すか返《かえ》さずにすむかの賭《か》けにいどむ（b）かを選《えら》びます。実験《じっけん》の結果《けっか》，質問《しつもん》1ではさらに5000円《えん》をもらう（a）を選《えら》ぶ人《ひと》が多《おお》く，つづけて聞《き》いた質問《しつもん》2では，50%の確率《かくりつ》で返《かえ》さずにすむ賭《か》けにいどむ（b）を選《えら》ぶ人《ひと》が多《おお》くなりました。

実《じつ》は質問《しつもん》1と質問《しつもん》2は，もらう金額《きんがく》と確率《かくりつ》が同《おな》じです。しかし聞《き》き方《かた》がちがうだけで，結果《けっか》が変《か》わってしまったのです。このような実験結果《じっけんけっか》が出《で》るのは，**私《わたし》たちは損《そん》をしたときと得《とく》をしたときとで，感《かん》じ方《かた》がちがうからだと考《かんが》えられています。**

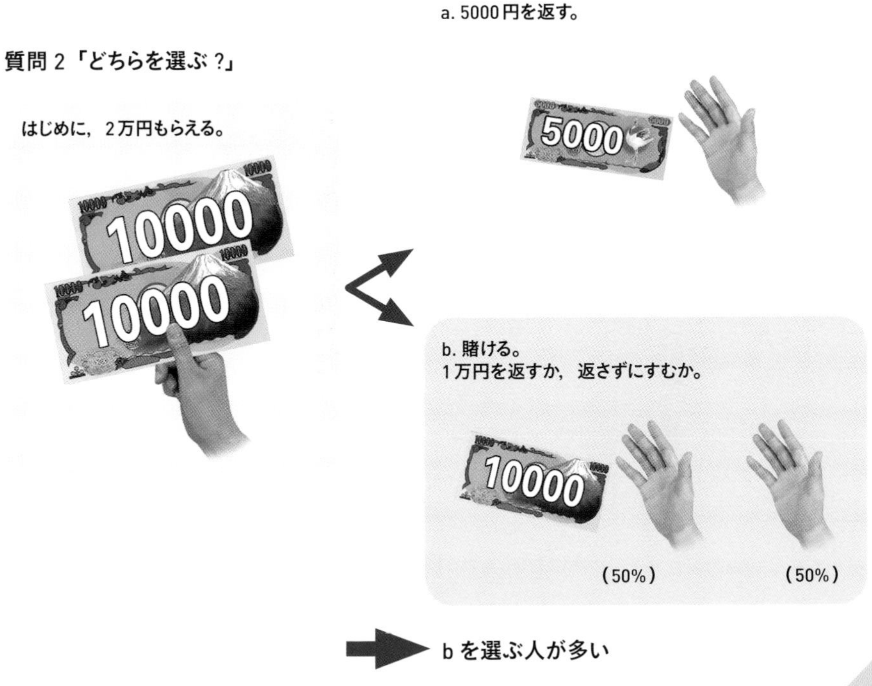

損得勘定の心理学

人《ひと》はみな『損《そん》をしたくない！』

失《うしな》わずにすむ方法《ほうほう》を選択《せんたく》する傾向《けいこう》がある

判断《はんだん》のちがいは，「得《とく》の判断《はんだん》」か「損《そん》の判断《はんだん》」かにある

プロスペクト理論《りろん》によれば，収益《しゅうえき》や損失《そんしつ》に感《かん》じる価値《かち》（効用《こうよう》）は，グラフ（価《か》値関数《ちかんすう》）であらわされます。左《ひだり》のグラフは96〜97ページの実験《じっけん》の質問《しつもん》1，右《みぎ》のグラフは実験《じっけん》の質問《しつもん》2についてのものです。

96 〜 97ページの実験《じっけん》の，質問《しつもん》1のグラフ

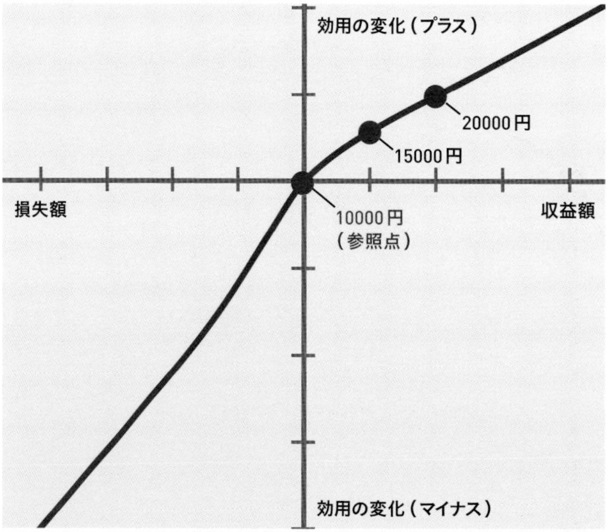

はじめにもらった1万円《まんえん》が参《さん》照点《しょうてん》です。1万《まん》5000円《えん》か2万《まん》円《えん》をもらえた場合《ばあい》は，「得《とく》した」という価値《かち》（プラスの効《こう》用《よう》）を感《かん》じます。

bでお金《かね》をもらえない確率《かくりつ》が50％のとき，多《おお》くの人《ひと》は「bを選《えら》んでお金《かね》がもらえない」という事態《じたい》になるリスクをさけて，aを選択《せんたく》します。

私《わたし》たちが損《そん》をしたときと得《とく》をしたときでは，感《かん》じ方《かた》がちがうと考《かんが》えられています。

アメリカの心理学者《しんりがくしゃ》で行動経済学《こうどうけいざいがく》者《しゃ》のダニエル・カーネマン（1934～）とエイモス・トベルスキー（1937～1996）は，1979年《ねん》に「プロスペクト理《り》論《ろん》」を発表《はっぴょう》しました。**この理論《りろん》によると，同《おな》じものであっても，人《ひと》が感《かん》じる価値《かち》は，得《え》るときよりも失《うしな》うときのほうが大《おお》きくなります。**そして何《なに》かが失《うしな》われそうになると，それを失《うしな》わずにすむ方法《ほうほう》を選択《せんたく》する傾向《けいこう》があるといいます。この性質《せいしつ》は，「損失回《そんしつかい》避性《ひせい》」とよばれます。

96～97ページの実験《じっけん》の質問《しつもん》1では，確実《かくじつ》に多《おお》くのお金《かね》をもらえるため，aを選《えら》ぶ人《ひと》が多《おお》くなったと考《かんが》えられます。一方《いっぽう》，質問《しつもん》2では5000円《えん》を返《かえ》すと損《そん》をするように感《かん》じる人《ひと》が多《おお》く，返《かえ》さずにすむかもしれないbを選《えら》ぶ人《ひと》が多《おお》くなったと考《かんが》えられるのです。

96～97ページの実験《じっけん》の，質問《しつもん》2のグラフ

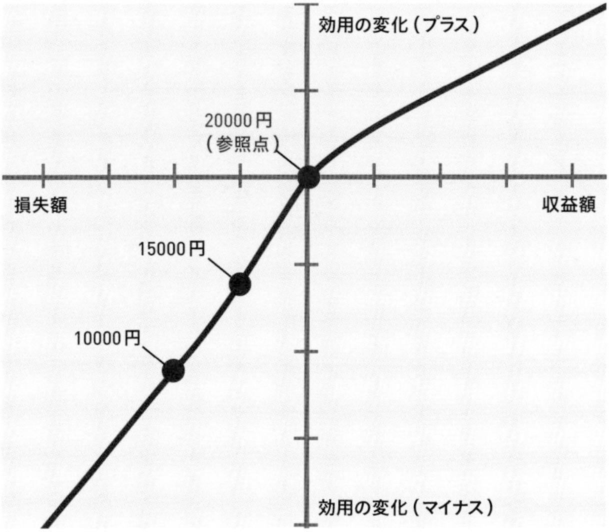

はじめにもらった2万円《まんえん》が参《さん》照点《しょうてん》です。もらう金額《きんがく》が1万《まん》円《えん》や1万《まん》5000円《えん》になる場合《ばあい》は，「損《そん》した」という価値《かち》（マイナスの効用《こうよう》）を感《かん》じます。しかも，効用《こうよう》の変化量《へんかりょう》は，得《とく》したと感《かん》じる場合《ばあい》よりも大《おお》きくなります。

bで損《そん》をしない確率《かくりつ》が50％のとき，多《おお》くの人《ひと》は「必《かなら》ず損《そん》をする（ように感《かん》じる）aをさけて，bを選択《せんたく》します。

Column

コーヒーブレーク

数《かず》が少《すく》ないと魅力的《みりょくてき》に感《かん》じる

ここに2種類《しゅるい》のクッキーがあります。片方《かたほう》はたくさん残《のこ》っていて，もう片方《かたほう》は残《のこ》りわずかです。さて，あなたはどちらを選《えら》びますか？

この場合《ばあい》，残《のこ》り少《すく》ないクッキーのほうが価値《かち》が高《たか》いと感《かん》じ，それを選《えら》ぶ傾向《けいこう》があるようです。**このように，希少性《きしょうせい》が高《たか》い（数《かず》が少《すく》ない）ものの価値《かち》を高《たか》く見《み》積《つ》もることを，「希少性《きしょうせい》バイアス」といいます。**

希少性《きしょうせい》バイアスが生《しょう》じる原因《げんいん》の一《ひと》つは，「希少性《きしょうせい》が高《たか》いのは，そのものがすぐれている根拠《こんきょ》になる」と考《かんが》えることです。また，「心理的《しんりてき》リアクタンス」が原因《げんいん》にあげられることもあります。これは，自分《じぶん》の行動《こうどう》や選択《せんたく》の自由《じゆう》が制限《せいげん》されたときに，制限《せいげん》された行動《こうどう》をあえて行《おこな》いたくなる心理《しんり》のことです。

アメリカの心理学者《しんりがくしゃ》ステファン・ウォーチェル（1946～）らは，1975年《ねん》に次《つぎ》の実験《じっけん》を行《おこな》いました※。被験者《ひけんしゃ》は3グループに分《わ》かれ，びんに入《はい》ったクッキーの味《あじ》などを評《ひょう》価《か》するように指示《しじ》されます。グループAとBにはクッキーが10枚《まい》入《はい》ったびんが，グループCにはクッキーが2枚入《まいはい》ったびんが渡《わた》されました。しかし，参加者《さんかしゃ》がそれを食《た》べようとすると実験者《じっけんしゃ》が来《き》て，グループAには「ほかの実験室《じっけんしつ》でクッキーが不足《ふそく》したので，分《わ》けてもらう」といい，クッキーが2枚《まい》入《はい》ったびんと交換《こうかん》します。同様《どうよう》に，グループBには「びんをまちがえた」といってクッキーが2枚入《まいはい》ったびんと交換《こうかん》し，グループCには「クッキーの枚数《まいすう》を確認《かくにん》しに来《き》た」といって，びんを交換《こうかん》せずに去《さ》っていきます。

すると，すべて同《おな》じクッキーにもかかわらず，クッキーの評価《ひょうか》はグループA，B，Cの順《じゅん》に高《たか》かったのです（数値《すうち》が小《ちい》さいほうが高評価《こうひょうか》）。**つまり，クッキーの数《かず》が最初《さいしょ》から少《すく》ない場合《ばあい》（グループC）よりも，途中《とちゅう》で減《へ》った場合《ばあい》（グループA・B）のほうが評価《ひょうか》が高《たか》かったのです。**とくに，ほかの実験室《じっけんしつ》で足《た》りなくなった（＝クッキーに人気《にんき》がある）といわれたときに，評価《ひょうか》が高《たか》くなりました。

グループA

クッキーが10枚《まい》入《はい》ったびんを渡《わた》されたのち，「ほかの実験室《じっけんしつ》でクッキーが足《た》りなくなった」といわれてクッキーが2枚《まい》入《はい》ったびんと交換《こうかん》されました。

グループB

クッキーが10枚《まい》入《はい》ったびんを渡《わた》されたのち，「びんをまちがえた」といわれてクッキーが2枚《まい》入《はい》ったびんと交換《こうかん》されました。

グループC

クッキーが2枚《まい》入《はい》ったびんを渡《わた》されたのち，「クッキーの枚数《まいすう》を確認《かくにん》しに来《き》た」といわれて，びんは交換《こうかん》されませんでした。

	グループA	グループB	グループC
もっと食べたいか	2.25	3.27	4.08
クッキーはどれほど魅力的か	2.33	3.00	4.00
値段をつけるならいくらか	71.5セント	60.9セント	45.8セント

「クッキーをもっと食《た》べたいか」や「クッキーに値段《ねだん》をつけるならいくらか」などを各《かく》グループに評価《ひょうか》してもらったところ，グループA，B，Cの順《じゅん》に高評価《こうひょうか》をつけました（値段以外《ねだんいがい》は，数字《すうじ》が小《ち》さいほうが高評価《こうひょうか》をあらわす）。

クッキーの数《かず》が少《すく》ないほうがおいしく感《かん》じる

数《かず》が少《すく》ないものに希少性《きしょうせい》を感《かん》じて，ものの価値《かち》を高《たか》く見積《みつ》もる心理《しんり》には，「希少性《きしょうせい》バイアス」がはたらいていると考《かんが》えられています。ものの価値《かち》を判断《はんだん》する際《さい》にも，他者《たしゃ》の行動《こうどう》に影響《えいきょう》されることがあるのです。希少性《きしょうせい》バイアスは，限定品《げんていひん》がほしくなる（78～79ページ）こととも関係《かんけい》しています。

※：Worchel, S. Lee, J. and Adewole, A. (1975). Effect of supply and demand of rating of object value. Journal of Personality and Social Psychology, 32(5), 906-914.

損得勘定の心理学

割《わ》り勘《かん》にすると，みんなが損《そん》をする？

つい高《たか》いものを注文《ちゅうもん》してしまったり，注文《ちゅうもん》しすぎたりしがちに

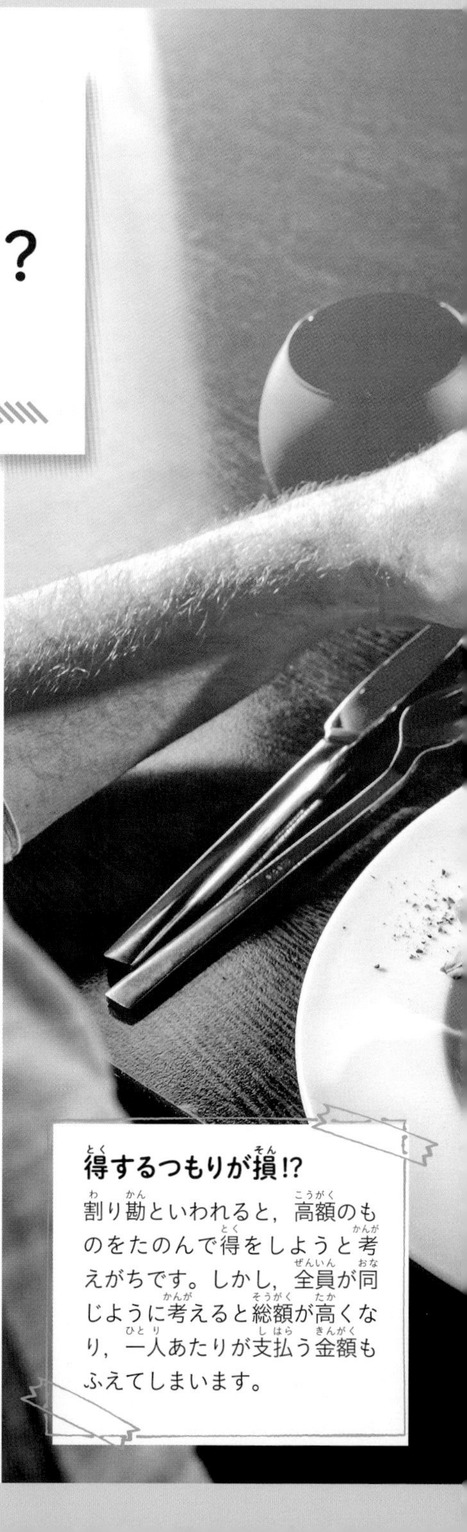

大《おお》勢《ぜい》で食事《しょくじ》に行《い》くとき，あらかじめ「今日《きょう》は割《わ》り勘《かん》」と知《し》らされていると，ついこんなことを考《かんが》えませんか？　「どうせ割《わ》り勘《かん》なのだから，いつもはためらってしまう高《たか》い料理《りょうり》を注文《ちゅうもん》してしまおう」。

実《じつ》はこの心理《しんり》は，割《わ》り勘《かん》にひそむ落《お》とし穴《あな》なのです。おそらく食事《しょくじ》に行《い》った全員《ぜんいん》が，あなたと同《おな》じことを考《かんが》えるでしょう。その結果《けっか》，飲食代《いんしょくだい》は大《おお》きくふくれ上《あ》がってしまい，一《ひと》人《り》あたりが支払《しはら》う金額《きんがく》はやはり高《たか》くなります。**自分《じぶん》の利益《りえき》を考《かんが》えてとった行動《こうどう》が，結局《けっきょく》自分《じぶん》たちに損《そん》をさせているのです。これを，「割《わ》り勘《かん》のジレンマ」といいます。**

同《おな》じような問題《もんだい》は，世《よ》の中《なか》のさまざまなところでおきます。たとえば，水不足《みずぶそく》にそなえて国民《こくみん》ひとりひとりが多《おお》くの水《みず》を確保《かくほ》しようと躍起《やっき》になれば，水《みず》がほんとうに不足《ふそく》してしまうのです。こうした状況《じょうきょう》は「社会的《しゃかいてき》ジレンマ」とよばれています。

得《とく》するつもりが損《そん》!?

割《わ》り勘《かん》といわれると，高額《こうがく》のものをたのんで得《とく》をしようと考《かんが》えがちです。しかし，全員《ぜんいん》が同《おな》じように考《かんが》えると総額《そうがく》が高《たか》くなり，一人《ひとり》あたりが支払《しはら》う金額《きんがく》もふえてしまいます。

損得勘定の心理学

ダイエット中《ちゅう》は ケーキの価値《かち》が上《あ》がる

ダイエットの決心《けっしん》が ゆらいでしまう理由《りゆう》

つい，甘《あま》いものを食《た》べてしまうのはなぜ？

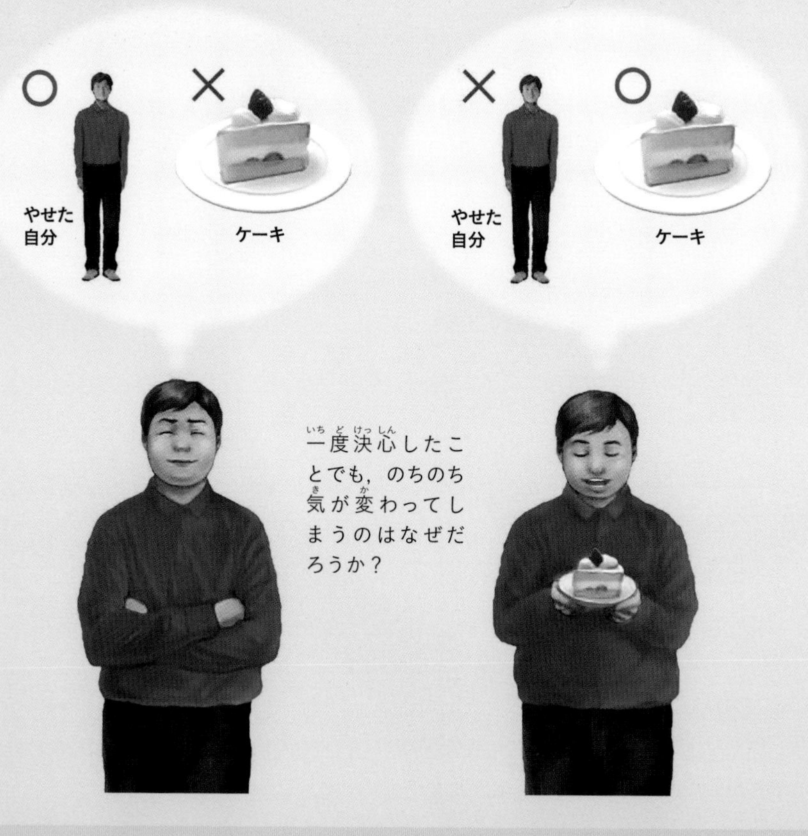

一度《いちど》決心《けっしん》したことでも，のちのち気《き》が変《か》わってしまうのはなぜだろうか？

こんな経験《けいけん》はないでしょうか。「ダイエットのためにケーキをやめようと決心《けっしん》したのに，冷蔵庫《れいぞうこ》にあるケーキを見《み》て食《た》べてしまった」。

私《わたし》たちはなぜ，目《め》の前《まえ》の誘惑《ゆうわく》に弱《よわ》いのでしょうか。これは，ダイエットを決心《けっしん》したときには，将来《しょうらい》のやせた自分《じぶん》のほうが価値《かち》が高《こう》かったのに，ケーキを目《め》の前《まえ》にするとケーキの価《か》値《ち》のほうが高《たか》くなってしまうために，心変《こころが》わりがおきてしまうのだといいます。**つまり決心《けっしん》したときも，ケーキを目《め》の前《まえ》にしたときも，その時々《ときどき》で「価値《かち》が高《たか》いほうを選《えら》ぶ」という判断《はんだん》をしているのです。**

92〜93ページで紹介《しょうかい》したケーキを選《えら》ぶ問題《もんだい》も，同《おな》じように説明《せつめい》できます。ケーキが目《め》の前《まえ》にあると，たとえ一《ひと》つであっても，明日《あした》の二《ふた》つよりも価値《かち》が高《たか》くなる人《ひと》が多《おお》くなります。このため，「今日《きょう》ケーキを一《ひと》つもらう」と答《こた》える人《ひと》が多《おお》くなるのです。

心変《こころが》わりするとき，価値《かち》が変化《へんか》している

ダイエットをしようと決心《けっしん》したとき，私《わたし》たちは将来《しょうらい》のやせた自分《じぶん》の価値《かち》（下《した》のグラフの青《あお》い線《せん》）と，ケーキの価値《かち》（赤《あか》い線《せん》）をてんびんにかけています。そして，将来《しょうらい》のやせた自分《じぶん》の価値《かち》を優先《ゆうせん》すべきであると判断《はんだん》しています。ところが，ケーキを目《め》の前《まえ》にすると，ケーキの価値《かち》が，将来《しょうらい》のやせた自分《じぶん》の価値《かち》を上《うわ》まわり，心変《こころが》わりしてしまいます。

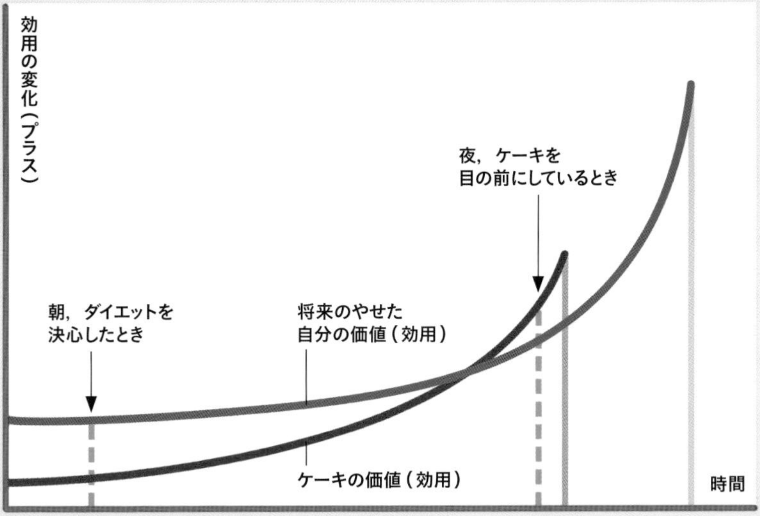

損得勘定の心理学

売《う》り場《ば》に「半端《はんぱ》な値段《ねだん》」が多《おお》い理由《りゆう》

最大限《さいだいげん》の値下《ねさ》げをしてくれたという意識《いしき》がはたらきやすい

スーパーなどでは，「1980円《えん》」といった値段設定《ねだんせってい》の商品《しょうひん》をよく見《み》かけます。「イチキュッパ」として広《ひろ》く知《し》られる値段設定《ねだんせってい》ですが，実《じつ》はここにも心理学《しんりがく》が応用《おうよう》されています。

次《つぎ》のような実験《じっけん》があります※。1996年《ねん》，アメリカの心理学者《しんりがくしゃ》ロバート・シンドラーとトーマス・キバリアンは，通信販売用《つうしんはんばいよう》カタログを3種類作成《しゅるいさくせい》しました。それぞれのカタログに掲載《けいさい》されている商品《しょうひん》は同《おな》じですが，値段設定《ねだんせってい》がちがいます。Aカタログでは「14.99ドル」のように値段《ねだん》が「.99」で終《お》わります（アメリカでは「.99」で終《お》わる値段《ねだん》が一般的《いっぱんてき》）。Bのカタログでは「15.00ドル」のように「.00」で終《お》わり，Cのカタログでは「14.88ドル」のように「.88」で終《お》わります。それぞれのカタログを3万人《まんにん》ずつに配布《はいふ》し，売《う》れた商品《しょうひん》数《すう》と合計売上金額《ごうけいうりあげきんがく》を調《しら》べました。

すると，商品数《しょうひんすう》，合計売上金額《ごうけいうりあげきんがく》ともに，「.99」で終《お》わるAカタログが最《もっと》も多《おお》かったのです。これはいったいなぜでしょうか。

半端《はんぱ》な値段設定《ねだんせってい》をすると商品《しょうひん》が売《う》れやすくなる効果《こうか》のことを，「端数効果《はすうこうか》」といいます。「1980円《えん》」という半端《はんぱ》な値段《ねだん》を見《み》たとき，消費者《しょうひしゃ》には主《おも》に二《ふた》つの心理《しんり》がはたらきます。**まず，ぱっと見《み》たときの値段《ねだん》が1000円《えん》台《だい》なので，2000円台《えんだい》の商品《しょうひん》よりも安《やす》く感《かん》じます。さらに，半端《はんぱ》な値段《ねだん》は「ギリギリまで値下《ねさ》げをしてくれた」とも感《かん》じられます**。そのため，商品《しょうひん》を思《おも》わず買《か》ってしまうのです。

シンドラーらの実験《じっけん》で「.88」のほうが「.99」よりも売《う》れなかった理由《りゆう》はよくわかっていません。「.99」は「.00」から値下《ねさ》げされた印象《いんしょう》を強《つよ》く受《う》けるのに対《たい》し，「.88」は「.00」からややはなれており，値下《ねさ》げされた意識《いしき》がはたらきづらいのかもしれないと考《かんが》えられています。

値段《ねだん》を端数《はすう》にすると売《う》れやすくなる

安売《やすう》りをするとき，「1980円《えん》」のような半端《はんぱ》な値段《ねだん》設定《せってい》にしておくと，最大限《さいだいげん》の値下《ねさ》げをしてくれたのではないかと消費者《しょうひしゃ》が感《かん》じて，売《う》れやすくなるといいます。この効果《こうか》を「端数効果《はすうこうか》」といいます。アメリカでは「.99」という値段表記《ねだんひょうき》がよく使《つか》われます。

※：Schindler, R. M. and Kibarian, T. M. (1996). Increased consumer sales response through use of 99-ending prices. Journal of Retailing, 72(2), 187–199.

損得勘定の心理学

中間《ちゅうかん》の値段《ねだん》が選《えら》ばれる『松竹梅《しょうちくばい》の法則《ほうそく》』

人《ひと》は無意識《むいしき》のうちに真《ま》ん中《なか》の値段《ねだん》を選《えら》びがち

人《ひと》は，値段《ねだん》のことなる複数《ふくすう》の商《しょう》品《ひん》から選《えら》ぶとき，無意識《むいしき》のうちに中間《ちゅうかん》の値段《ねだん》のものを選《えら》びやすい，という心理的傾向《しんりてきけいこう》がみられます。これは「松竹梅《しょうちくばい》の法則《ほうそく》」とよばれています。

たとえばレストランのコースメニューで，4000円《えん》の「松《まつ》」コース，3000円《えん》の「竹《たけ》」コース，2000円《えん》の「梅《うめ》」コースがあると，竹《たけ》コースが最《もっと》もよく選《えら》ばれます。松《まつ》コースは値段《ねだん》が高《たか》いため，満足《まんぞく》できなかったときはショックが大《おお》きいですし，いちばん安《やす》い梅《うめ》コースは満足《まんぞく》できない可能性《かのうせい》が高《こう》そうです。

人《ひと》は「損失《そんしつ》の回避性《かいひせい》」とよばれる性質《せいしつ》をもっています（98～99ページ）。**そこで，高《たか》いものや低《ひく》いものを選《えら》んだときの損失《そんしつ》を回避《かいひ》するため，中間《ちゅうかん》のものを選《えら》ぶのです。**

選択肢《せんたくし》は三《みっ》つ程度《ていど》がちょうどよい

選択肢《せんたくし》を多《おお》くしすぎると，選択《せんたく》することがたいへんになって，商品《しょうひん》が買《か》われにくくなるという実験結果《じっけんけっか》もあります。

損得勘定の心理学

人《ひと》は無意識《むいしき》に自分《じぶん》を正当化《せいとうか》する

**あとで考《かんが》えを変《か》えて
つじつまを合《あ》わせようとする**

フェスティンガーの実験《じっけん》

参加者《さんかしゃ》は退屈《たいくつ》な作業《さぎょう》をさせられます。その後《ご》，報酬《ほうしゅう》（1ドルまたは20ドル）を渡《わた》されて，次《つぎ》の参加者《さんかしゃ》に「面白《おもしろ》い作《さ》業《ぎょう》だった」と伝《つた》えるように依頼《いらい》されます。後日《ごじつ》，作業《さぎょう》を振《ふ》り返《かえ》ってもらうと，報酬《ほうしゅう》1ドルの人は「面白かった」，20ドルの人《ひと》は「つまらなかった」と評価《ひょうか》する傾向《けいこう》がありました。

やせたい，けど食《た》べたい……。このような矛盾《むじゅん》する考《かんが》えがあると，私《わたし》たちは不快感《ふかいかん》や緊張感《きんちょうかん》を覚《おぼ》えます。この状態《じょうたい》を，アメリカの社会《しゃかい》心理学者《しんりがくしゃ》レオン・フェスティンガー（1919 ～ 1989）は「認知的不協和《にんちてきふきょうわ》」とよびました。

下《した》の図《ず》は，1959年《ねん》に行《おこな》われた実験《じっけん》です。実験参加者《じっけんさんかしゃ》は，退屈《たいくつ》な作業《さぎょう》を延々《えんえん》とやらされます。その後《ご》，1ドルあるいは20ドルの報酬《ほうしゅう》をもらい，次《つぎ》の参加者《さんかしゃ》（サクラ）に「作業《さぎょう》は面白《おもしろ》かった」と伝《つた》えてもらいます。

後日《ごじつ》，作業《さぎょう》を振《ふ》り返《かえ》ってもらうと，報酬《ほうしゅう》が1ドルだった人《ひと》たちは「作業《さぎょう》は面白《おもしろ》かった」と評価《ひょうか》する傾向《けいこう》がありました（右下《みぎした》のグラフ）。**退屈《たいくつ》な作《さ》業《ぎょう》を「面白《おもしろ》かった」ということで（本心《ほんしん》と矛盾《むじゅん》した行動《こうどう》をとったことで），参加者《さんかしゃ》には認知的不協和《にんちてきふきょうわ》が生《しょう》じます。それを解消《かいしょう》するために，自分《じぶん》の考《かんが》えを変《か》えて自分《じぶん》の言動《げんどう》を正当化《せいとうか》し，認知的不協和《にんちてきふきょうわ》を解消《かいしょう》しようとしたのです。**

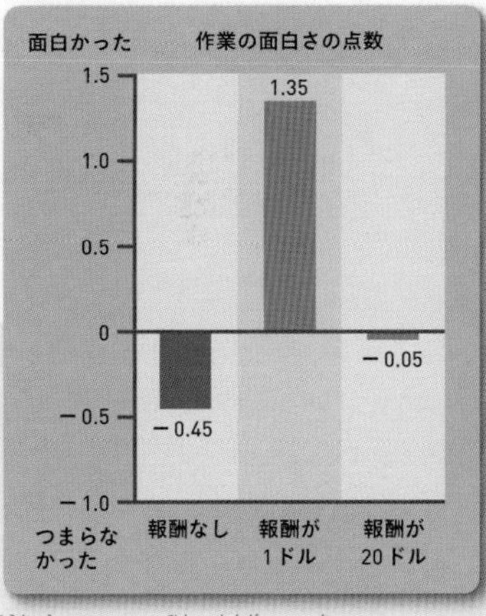

報酬《ほうしゅう》20ドルの人《ひと》が考《かんが》えを変《か》えないのは，高《たか》い報酬《ほうしゅう》をもらったことで，「お金《かね》のためにうそをついた」と自分《じぶん》を正当化《せいとうか》できたからだと考《かんが》えられます。なお，実験《じっけん》には，報酬《ほうしゅう》がなく次《つぎ》の参加者《さんかしゃ》にうその報《ほう》告《こく》をしない人《ひと》たち（報酬《ほうしゅう》なし）も設定《せってい》されていました。彼《かれ》らは正直《しょうじき》に「つまらなかった」と評価《ひょうか》しました。

Column

コーヒーブレーク

使《つか》ったお金《かね》がもったいなくて抜《ぬ》けだせない

ギャンブルや投資《とうし》にのめりこんで，抜《ぬ》けだせなくなる人《ひと》がいます。これらの背景《はいけい》として，脳内《のうない》で快楽物質《かいらくぶっし》が分泌《ぶんぴつ》されることなどがあげられますが，「コンコルド効果《こうか》（サンクコスト効果《こうか》）」とよばれる認知《にんち》バイアスの影響《えいきょう》も指摘《してき》されています。

コンコルド効果《こうか》とは，ある時《じ》点《てん》までについやしたコスト（費《ひ》

本来《ほんらい》は今後《こんご》の見通《みとお》しで判断《はんだん》すべきだが……

写真《しゃしん》は，ドイツのジンスハイム自動車《じどうしゃ》・技術博物館《ぎじゅつはくぶつかん》に展示《てんじ》されているコンコルドです。「コンコルド効果《こうか》」のような心理《しんり》は，行政《ぎょうせい》の公共事業《こうきょうじぎょう》や企業《きぎょう》の事業計画《じぎょうけいかく》，さらにはアイテムやキャラクターの収集《しゅうしゅう》に没頭《ぼっとう》しやすい課金型《かきんがた》のゲームなどにも関係《かんけい》がありそうです。

用《よう》や時間《じかん》，労力《ろうりょく》など）がむだになってしまうことを受《う》け入《い》れられず，今後《こんご》よい結果《けっか》が得《え》られる見通《みとお》しがないのにコストの投入《とうにゅう》をやめられない心理《しんり》です。1960年代《ねんだい》からフランスなどが開発《かいはつ》した超音速旅客機《ちょうおんそくりょかくき》コンコルド（写真《しゃしん》）が，開発途中《かいはつとちゅう》でビジネスとしての成功《せいこう》が危《あや》ぶまれていたのに，計画《けいかく》を中止《ちゅうし》できなかったというエピソードから名《な》づけられました。

合理的《ごうりてき》に考《かんが》えるなら，過去《かこ》に使《つか》ったお金《かね》に関係《かんけい》なく，将来《しょうらい》プラスになるかどうかだけを考《かんが》えて継続《けいぞく》か否《いな》かを判断《はんだん》すべきです。しかし，**それまでについやした金額《きんがく》や時間《じかん》が大《おお》きいほど，その分《ぶん》を取《と》り返《かえ》そうと執着《しゅうちゃく》してしまい，抜《ぬ》けだしにくくなるのです。**

5

記憶《きおく》の心理学《しんりがく》

人《ひと》の知覚《ちかく》や認知《にんち》のしくみを，さまざまな実《じっ》験《けん》によって研究《けんきゅう》する学問《がくもん》を「実験心理学《じっけんしんりがく》」といいます。5章《しょう》では，実験心理学《じっけんしんりがく》の中《なか》の「記憶《きおく》」に焦点《しょうてん》をあてて，記憶《きおく》が脳《のう》に刻《きざ》まれて思《おも》いだされるしくみや，“いつわり”の記《き》憶《おく》が生《う》まれる心理《しんり》などを紹介《しょうかい》します。

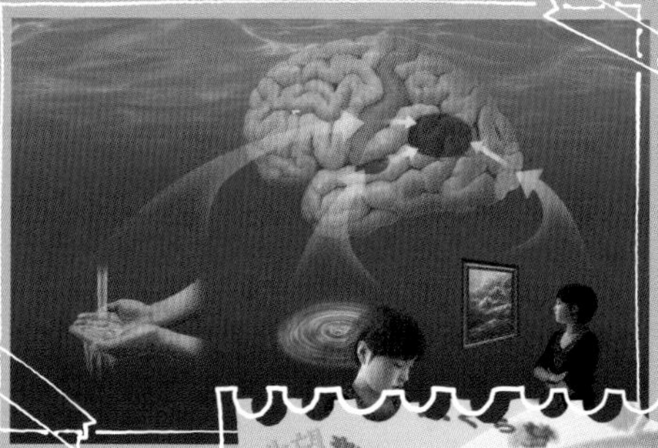

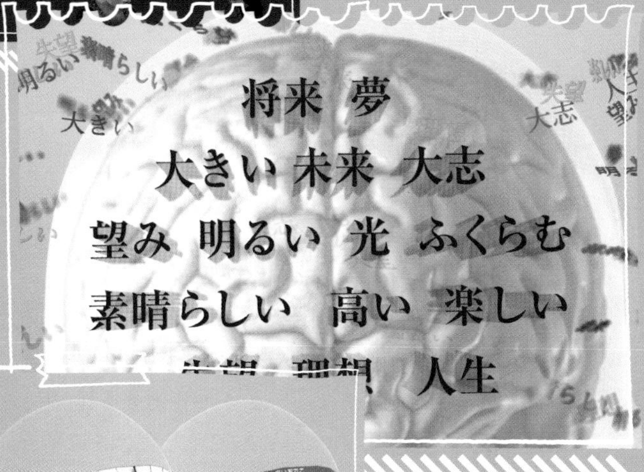
将来 夢
大きい 未来 大志
望み 明るい 光 ふくらむ
素晴らしい 高い 楽しい
人生

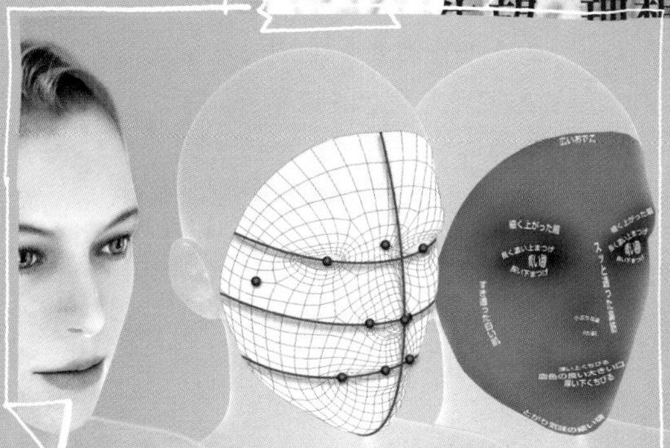

知覚《ちかく》や認知《にんち》のしくみを研究《けんきゅう》する「実験心理学《じっけんしんりがく》」

人《ひと》の機能《きのう》を実験《じっけん》によって研究《けんきゅう》する

私《わたし》たちは日々《ひび》，何《なに》かを見《み》たり，音《おと》を聞《き》いたり，においをかいだりと，さまざまな感覚情報《かんかくじょうほう》を受《う》け取《と》って，自分《じぶん》や周囲《しゅうい》の世界《せかい》のことを把握《はあく》しています。そのうえで過去《かこ》の経験《けいけん》と照《て》らし合《あ》わせたり，これからおこることを推測《すいそく》したりして，どのように行動《こうどう》するべきかを決《き》めていきます。

実験心理学《じっけんしんりがく》は，実験《じっけん》によって，この一連《いちれん》の流《なが》れにかかわる感覚《かんかく》，知《ち》覚《かく》，認知《にんち》（記憶《きおく》，思考《しこう》など）といったしくみを研究《けんきゅう》する学問《がくもん》です。感《かん》覚《かく》は，実験心理学《じっけんしんりがく》で研究《けんきゅう》する人《ひと》の機能《きのう》の中《なか》でも，いちばんはじめにはたらく機能《きのう》になります。

私《わたし》たちが視覚《しかく》，聴覚《ちょうかく》，嗅覚《きゅうかく》などといった感覚情報《かんかくじょうほう》を受《う》け取《と》る目《め》，耳《みみ》，鼻《はな》などは「感覚器官《かんかくきかん》」とよばれます。感覚器官《かんかくきかん》が外《そと》の世界《せかい》から受《う》け取《と》った情報《じょうほう》は，複数《ふくすう》の神経《しんけい》を経《けい》由《ゆ》して，大脳《だいのう》の表面《ひょうめん》をおおう大脳《だいのう》皮質《ひしつ》へと達《たっ》します。

大脳皮質《だいのうひしつ》の中《なか》では，感覚器官《かんかくきかん》から伝達《でんたつ》された情報《じょうほう》がいくつかの成《せい》分《ぶん》に分《わ》けられます。たとえば，視《し》覚《かく》では目《め》で見《み》た対象《たいしょう》（もの）が「形《かたち》」「色《いろ》」「動《うご》き」などの情報《じょうほう》に分《わ》けられて，それぞれをあつかう領《りょう》域《いき》へと伝《つた》えられていきます。

目《め》で受《う》け取《と》った情報《じょうほう》を単《たん》に「青《あお》い色《いろ》」「丸《まる》い形《かたち》」などと処理《しょり》するだけでは意味《いみ》がありません。脳《のう》では，さらに高度《こうど》な処理《しょり》が行《おこな》われます。次《つぎ》のページで説明《せつめい》しましょう。

感覚情報《かんかくじょうほう》は脳《のう》の大脳皮質《だいのうひしつ》に伝《つた》えられる

感覚器官《かんかくきかん》から脳《のう》までの情報《じょうほう》の受《う》け渡《わた》しのイメージをえがきました。感覚器官《かんかくきかん》が外《そと》の世界《せかい》から受《う》け取《と》った感覚情報《かんかくじょうほう》は，複数《ふくすう》の神経《しんけい》にバトンタッチされていきながら，最終的《さいしゅうてき》に大脳皮質《だいのうひしつ》の神経《しんけい》へと伝《つた》わります。大脳皮質《だいのうひしつ》には，それぞれ専門《せんもん》の感覚情報《かんかくじょうほう》を処理《しょり》する領域《りょういき》が分布《ぶんぷ》しています。

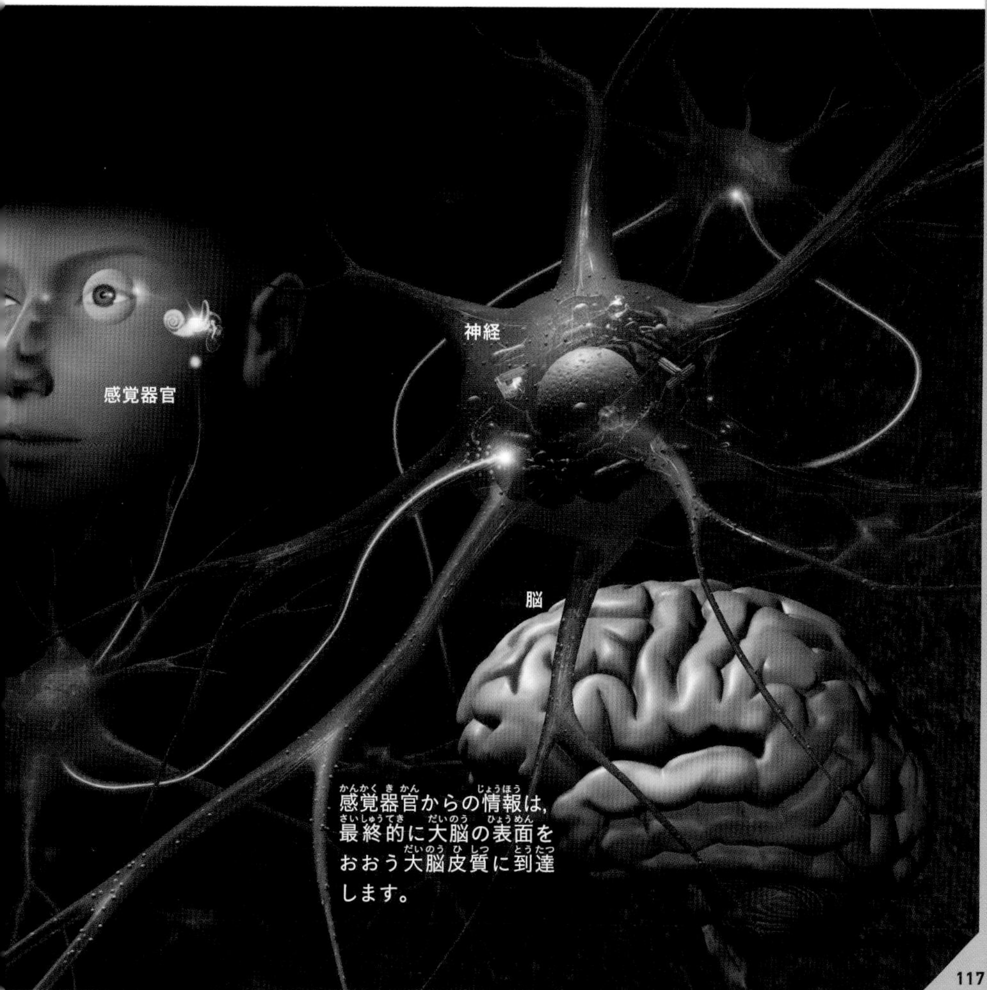

感覚《かんかく》や認知《にんち》はどのように生《う》まれるのか？

感覚《かんかく》から知覚《ちかく》，認知《にんち》へと高度《こうど》な機能《きのう》がはたらいていく

たとえば，あなたが水《みず》を見《み》たとしましょう。その情報《じょうほう》は，大脳《だいのう》の表面《ひょうめん》をおおう大脳皮質《だいのうひしつ》の「一次視覚野《いちじしかくや》」という場所《ばしょ》に伝《つた》えられ，さらに「下頭頂小葉《かとうちょうしょうよう》」へと伝《つた》えられます。ここではじめて，見《み》ているものが「水《みず》」であると認識《にんしき》されるのです。これが知覚《ちかく》を達成《たっせい》するまでのおおまかな道筋《みちすじ》です。

興味深《きょうみぶか》いことに，ほかの感覚器官《かんかくきかん》から得《え》られた情報《じょうほう》も，同《おな》じような経路《けいろ》をたどって対象《たいしょう》が何《なに》であるのかを認識《にんしき》します。

水《みず》の流《なが》れる音《おと》を聞《き》いたならば，その情報《じょうほう》は「一次聴覚野《いちじちょうかくや》」を経《へ》て下頭頂小葉《かとうちょうしょうよう》へと伝《つた》わり，「水《みず》」だと認識《にんしき》されます。

あなたの手《て》が水《みず》にふれたとしましょう。手《て》から伝《つた》わった情報《じょうほう》は「一次体性感覚野《いちじたいせいかんかくや》」へ届《とど》けられたあと，同《おな》じく下頭頂小葉《かとうちょうしょうよう》へ行《い》き，ここで「水《みず》」だと認識《にんしき》されます。

さらに，手《て》が水《みず》にふれたあなたは，「今《いま》，手《て》にふれているものは水《みず》だから，カバンを持《も》つ前《まえ》に手《て》をふかなければカバンがぬれる。だから手《て》をふこう」など，過去《かこ》の経験《けいけん》を思《おも》いだしたり（記憶《きおく》），未来《みらい》の結果《けっか》を推測《すいそく》（思考《しこう》）したりすることができます。これを認知《にんち》といいます。

認知《にんち》のはたらきによって，私《わたし》たちは周囲《しゅうい》の感覚情報《かんかくじょうほう》から，適切《てきせつ》な行動《こうどう》がとれるのです。

水《みず》という概念《がいねん》が生《う》まれる過程《かてい》

下《した》の図《ず》は，さまざまな感覚情報《かんかくじょうほう》を得《え》た脳《のう》が，「水《みず》」という概念《がいねん》にたどりつくまでの，おおまかな道筋《みちすじ》を示《しめ》したものです。

　触覚《しょっかく》・聴覚《ちょうかく》・視覚《しかく》など，ことなる感覚《かんかく》から受《う》けた情報《じょうほう》であっても，人《ひと》の脳《のう》は「水《みず》」という同《おな》じ概念《がいねん》にたどりつくことができます。こうした概念《がいねん》は，大脳皮質《だいのうひしつ》の「下頭頂小葉《かとうちょうしょうよう》」という領域《りょういき》で生《う》まれるものと考《かんが》えられています。

　さらに私《わたし》たちは，水《みず》にぬれたらどんな状態《じょうたい》になるのか，ぬれた手《て》でものをさわったらどうなるのか，といった認知《にんち》（記憶《きおく》，思考《しこう》など）を行《おこな》うことで，適切《てきせつ》な行動《こうどう》をとることができます。

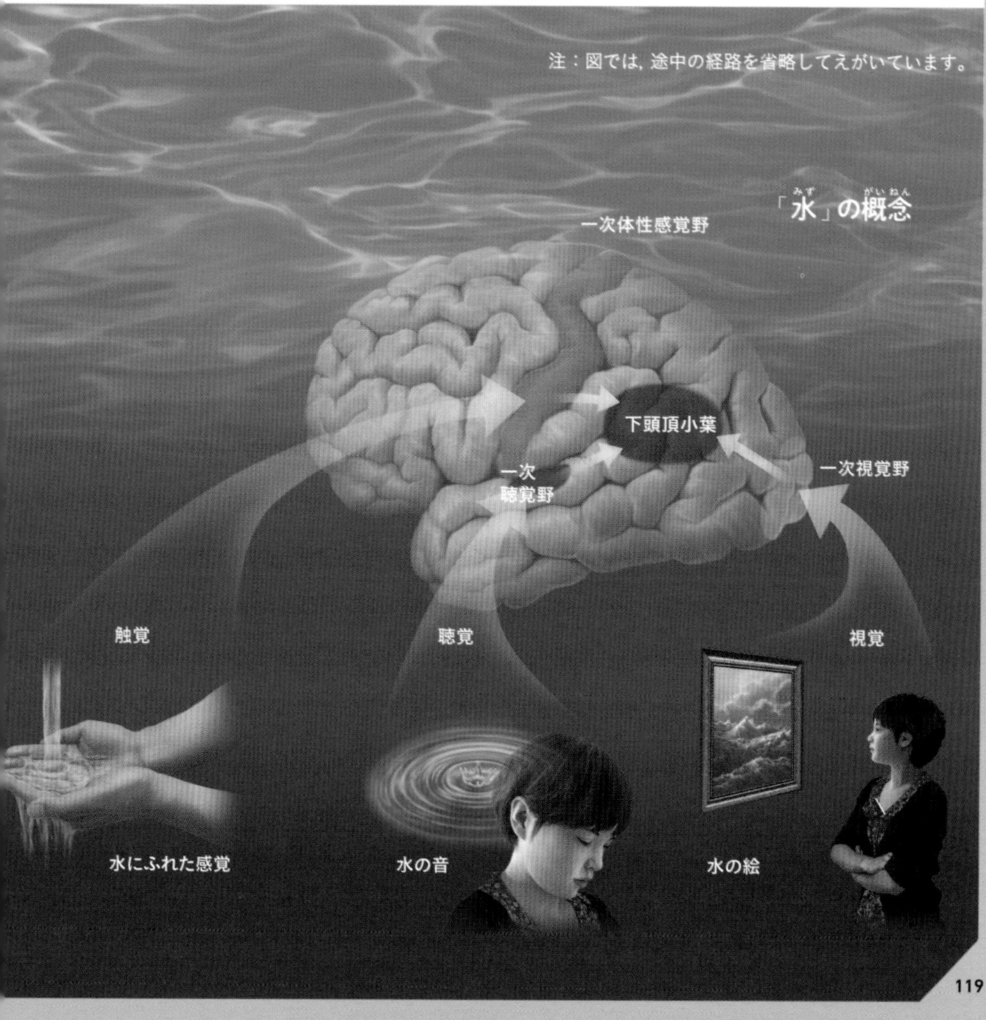

記憶《きおく》にはさまざまな種類《しゅるい》がある

いくつものモデルから記憶《きおく》のしくみがわかってきた

小説《しょうせつ》を読《よ》み進《すす》めるには，それまでの物語《ものがたり》を記憶《きおく》していかなければなりません。このように，私《わたし》たちが何《なに》かをする際《さい》には，必《かなら》ず記憶《きおく》が参照《さんしょう》されています。

記憶《きおく》は，保持《ほじ》される時間《じかん》の長《なが》さに応《おう》じて，「感覚記憶《かんかくきおく》」「短期記憶《たんききおく》」「長期記憶《ちょうききおく》」の3種類《しゅるい》に分《わ》かれていると考《かんが》えられています。

感覚器官《かんかくきかん》から得《え》た刺激《しげき》（116～119ページ）は，「感覚記憶《かんかくきおく》」として一瞬《いっしゅん》だけ記憶《きおく》されます。ただし，その保持時間《ほじじかん》はたった0.5秒程度《びょうていど》です。私《わたし》たちは，この中《なか》から意識的《いしきてき》にとどめておこうとした情報《じょうほう》を脳《のう》の海馬《かいば》という部位《ぶい》に送《おく》り，「短《たん》期記憶《ききおく》」として保存《ほじ》しています。

短期記憶《たんききおく》の容量《ようりょう》は，それほど大《おお》きくはありません。人《ひと》によって差《さ》はありますが，ランダムな数字《すうじ》なら7±2文字程度《もじていど》が限界《げんかい》だとされています。短期記憶《たんききおく》が持続《じぞく》する時間《じかん》は数十秒程度《すうじゅうびょうていど》ですが，頭《あたま》の中《なか》で復唱《ふくしょう》するなど，「リハーサル」をくりかえすことで「長期記憶《ちょうききおく》」として保存《ほぞん》されます。長期記憶《ちょうききおく》は，そう簡単《かんたん》には失《うしな》われない，非常《ひじょう》に安定《あんてい》した記憶《きおく》です。

短期記憶《たんききおく》や長期記憶《ちょうききおく》は，さらに細《こま》かく分類《ぶんるい》されることがあります。いわゆる「知識《ちしき》」は，長期記憶《ちょうききおく》の中《なか》でも「意味記憶《いみきおく》」とよばれます。ほかにも，自分《じぶん》が経験《けいけん》したことをストーリーとして記憶《きおく》する「エピソード記憶《きおく》」，体《からだ》の動《うご》かし方《かた》などの技能《ぎのう》にかかわる「手続《てつづ》き記憶《きおく》」などがあります。

記憶《きおく》の種類《しゅるい》によって，保存《ほぞん》される脳《のう》の部位《ぶい》がことなると考《かんが》えられています。

短期《たんき》記憶《きおく》と長期《ちょうき》記憶《きおく》

私《わたし》たちが経験《けいけん》したさまざまな刺激《しげき》は，感覚《かんかく》記憶《きおく》として一瞬《いっしゅん》だけ保存《ほぞん》され，次《つぎ》に記憶《きおく》の司令塔《しれいとう》ともいわれる「海馬《かいば》」に一時的《いちじてき》に保存《ほぞん》されます。これが「短期記《たんきき》憶《おく》」です。その後《ご》，記憶《きおく》の内容《ないよう》が反復《はんぷく》されると，海馬《かいば》から脳《のう》の表面《ひょうめん》にあたる大《だい》脳皮質《のうひしつ》などに情報《じょうほう》が送《おく》られ，長期《ちょうき》記憶《きおく》として保存《ほぞん》されます。

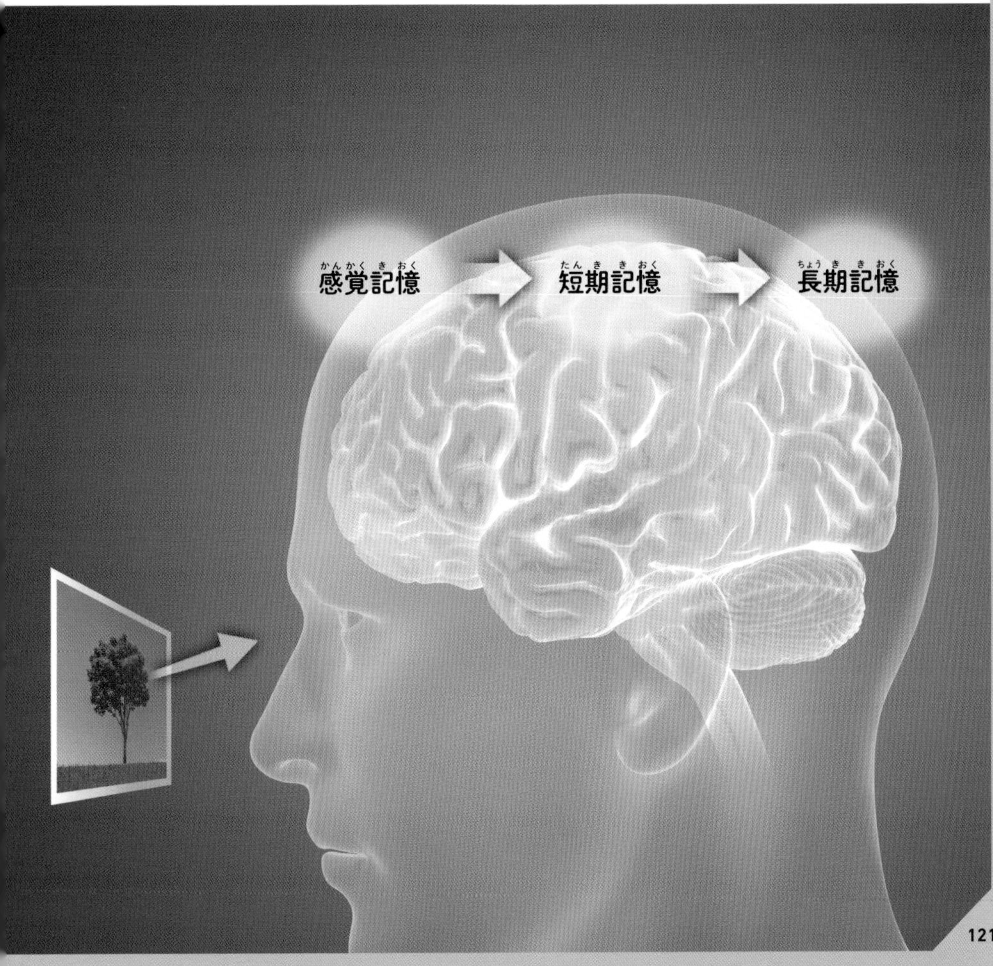

記憶《きおく》はどのように思《おも》いだされるのか？

思《おも》いだすための“手《て》がかり”が脳《のう》の中《なか》に残《のこ》されている

私《わたし》たちが感覚器官《かんかくきかん》を通《つう》じて得《え》た情報《じょうほう》は，脳《のう》の内部《ないぶ》にある海馬《かいば》に集《あつ》められ，そこから大脳皮質《だいのうひしつ》へと保存《ほぞん》されます。海馬《かいば》では，大脳皮質《だいのうひしつ》への記憶《きおく》の書《か》きこみを助《たす》けています。では，「思《おも》い出《で》」などの固定《こてい》された記憶《きおく》は，どのように思《おも》いだされるのでしょうか。

エピソード記憶《きおく》（120ページ）の中《なか》には，海馬《かいば》から大脳皮質《だいのうひしつ》に移《うつ》されたあとで，記憶《きおく》を思《おも》いだす“手《て》がかり”となる回路《かいろ》が，海馬《かいば》に残《のこ》されているものもあると考《かんが》えられています。**その“手《て》がかり”をもとに大脳皮質《だいのうひしつ》から記憶《きおく》の“部品《ぶひん》”が集《あつ》められ，それらがふたたび海馬《かいば》に流《なが》れこむことで過去《かこ》のできごとが再現《さいげん》される（思《おも》いだされる）のではないかという仮説《かせつ》があります。**

右《みぎ》の図《ず》は，「生《う》まれたばかりの赤《あか》ちゃんをはじめて抱《だ》いたときの記憶《きおく》」が思《おも》いだされるしくみを，仮説《かせつ》にしたがってえがいたものです。

記憶《きおく》を思《おも》いだすしくみ

「赤《あか》ちゃんをはじめて抱《だ》いた記憶《きおく》」は「赤《あか》ちゃん」「分娩室《ぶんべんしつ》」という要素《ようそ》などからなり，さらに「赤《あか》ちゃん」は「泣《な》き顔《がお》」「皮膚《ひふ》の感触《かんしょく》」といった要素《ようそ》からなりたちます。このように，記憶《きおく》は階層的《かいそうてき》な構造《こうぞう》となっています。記憶《きおく》を思《おも》いだすときには，海馬《かいば》に残《のこ》された“手《て》がかり”となる回路《かいろ》からの信号《しんごう》が，大脳皮質《だいのうひしつ》に下《お》りていきます。そして「泣《な》き顔《がお》」などの“部品《ぶひん》”が集《あつ》められ，海馬傍回《かいばぼうかい》で「赤《あか》ちゃん」などの概念《がいねん》になり，ふたたび海馬《かいば》まで届《とど》けられて「赤《あか》ちゃんを抱《だ》いた記憶《きおく》」が再現《さいげん》されると考《かんが》えられています。

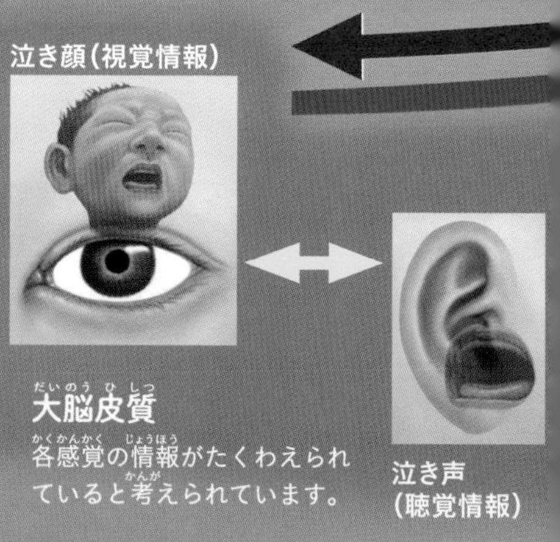

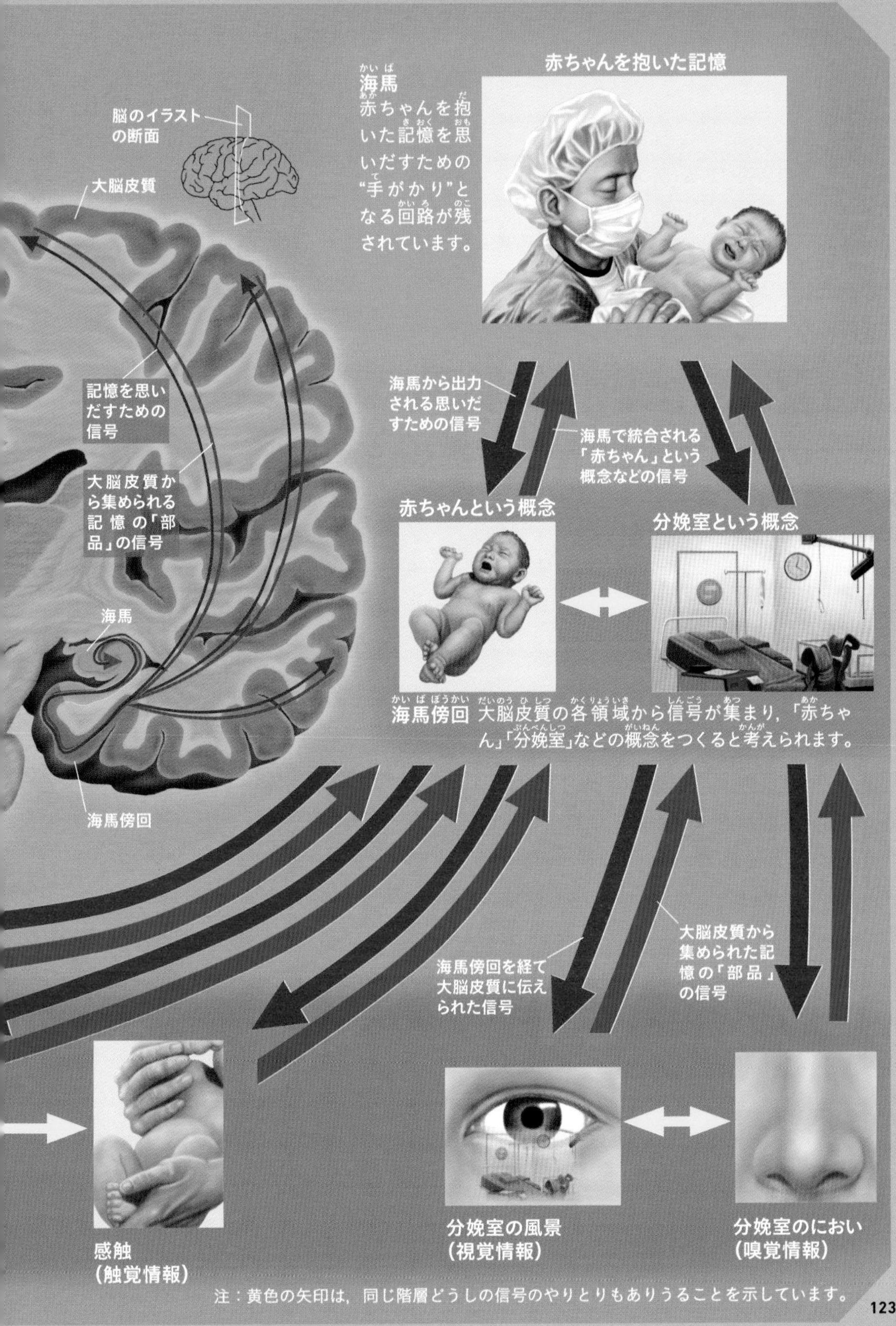

注：黄色の矢印は，同じ階層どうしの信号のやりとりもありうることを示しています。

人《ひと》の記憶《きおく》は，思《おも》ったよりもあてにならない

見《み》てもいない単語《たんご》を，思《おも》いだしてしまう

最初《さいしょ》に，右《みぎ》の図《ず》にえがかれている15個《こ》の単語《たんご》を30秒《びょう》ほどかけて覚《おぼ》えてみてください。次《つぎ》に，覚《おぼ》えた単語《たんご》を別《べつ》の紙《かみ》にできるだけ多《おお》く書《か》きだしてみましょう。

さて，書《か》きだした単語《たんご》の中《なか》に，「夢《ゆめ》」や「光《ひかり》」はあるでしょうか。では，「希望《きぼう》」はどうでしょう。実《じつ》は右《みぎ》の図《ず》に，「希望《きぼう》」はありませんでした。しかし，「希望《きぼう》」を書《か》きだした人《ひと》もいるのではないでしょうか。

記憶《きおく》が誤《あやま》りをおこす理由《りゆう》は，15個《こ》の単語《たんご》が「希望《きぼう》」と連想関係《れんそうかんけい》にあり，覚《おぼ》えるときに「希望《きぼう》」を思《おも》い浮《う》かべるからだといいます。思《おも》いだすときに15個《こ》の単語《たんご》すべてを思《おも》いだせないため，覚《おぼ》えるときに思《おも》い浮《う》かべた「希望《きぼう》」を見《み》たものとして，まちがって思《おも》いだしやすくなるのです。

記憶《きおく》が事実《じじつ》とことなる場合《ばあい》でも，経験《けいけん》したことのように感《かん》じられるときがあります。いわゆる「いつわりの記憶《きおく》」です。

いつわりの記憶《きおく》をつくる15個《こ》の単語《たんご》

実験《じっけん》では，「希望《きぼう》」を見《み》た単語《たんご》として書《か》きだす人《ひと》は，75％にのぼりました。また，「希望《きぼう》」があったかどうかをたずねると，さらに多《おお》くの人《ひと》があったと答《こた》えてしまいました。

注：実際の実験は，単語が1語ずつ決まった時間だけ提示されるなど，厳密に行われます。こうした単語リストを使った方法は，考案者ら3人の名前（Deese, Roediger, McDermott）の頭文字をとって，「DRMパラダイム」とよばれています。

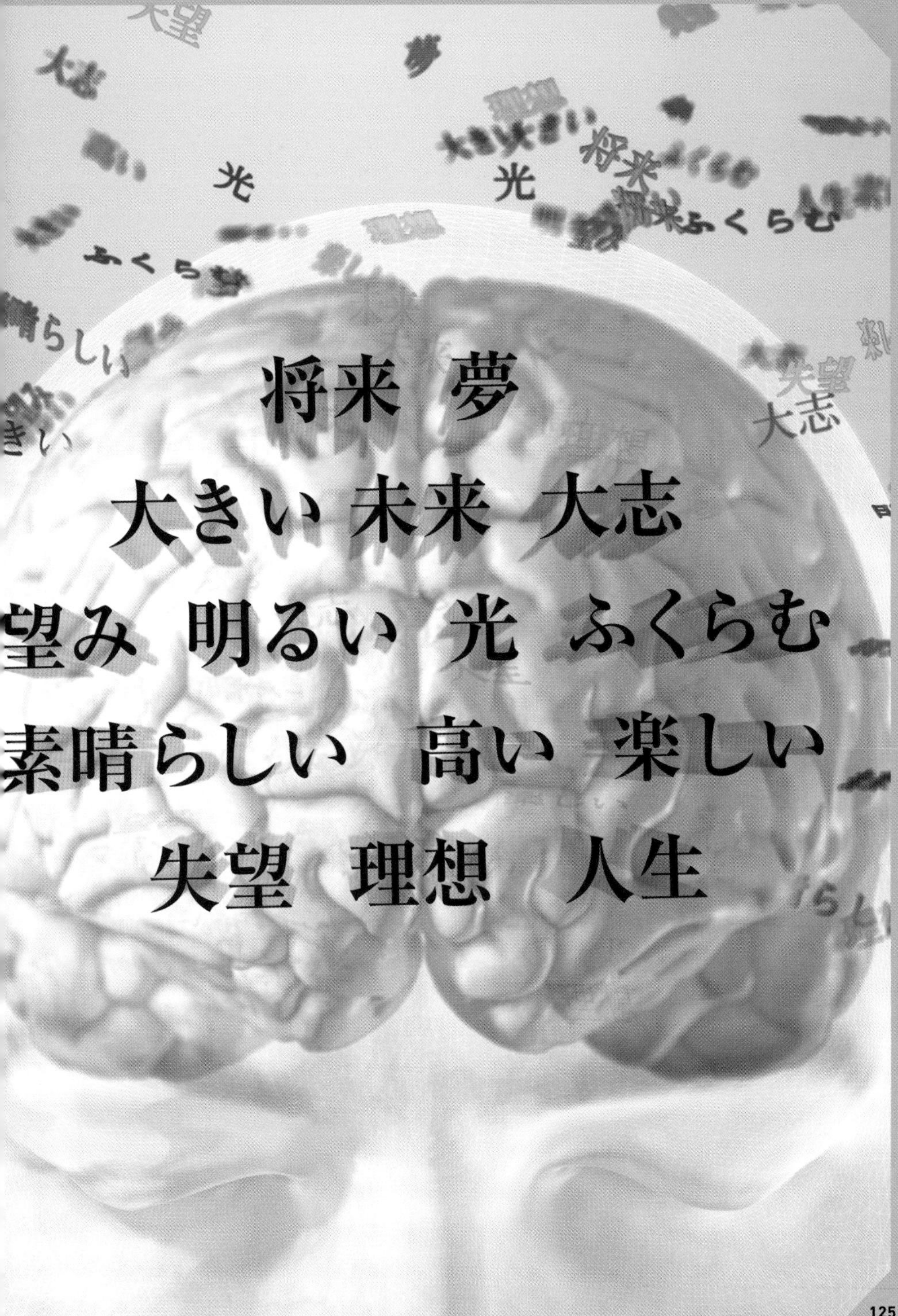
将来 夢
大きい 未来 大志
望み 明るい 光 ふくらむ
素晴らしい 高い 楽しい
失望 理想 人生

記憶《きおく》をゆがめる『事後《じご》の情報《じょうほう》』

質問《しつもん》を誤《あやま》ると正《ただ》しい証言《しょうげん》を得《え》られにくくなる

1. 実験《じっけん》の参加者《さんかしゃ》は，交通事故《こうつうじこ》を描写《びょうしゃ》した一連《いちれん》の30枚《まい》のスライドを，1枚《まい》あたり約《やく》3秒《びょう》ずつ見《み》ます。

2. スライドの内容《ないよう》について，20個《こ》の質問《しつもん》に回答《かいとう》します。そのうち1問《もん》では，約半数《やくはんすう》の参加者《さんかしゃ》が「スライドに写《うつ》っていた標識《ひょうしき》と一致《いっち》しない標識《ひょうしき》」を含《ふく》む質問《しつもん》をされます。残《のこ》りの約半数《やくはんすう》は「スライドに写《うつ》っていた標識《ひょうしき》と一致《いっち》した標識《ひょうしき》」を含《ふく》む質問《しつもん》をされます。

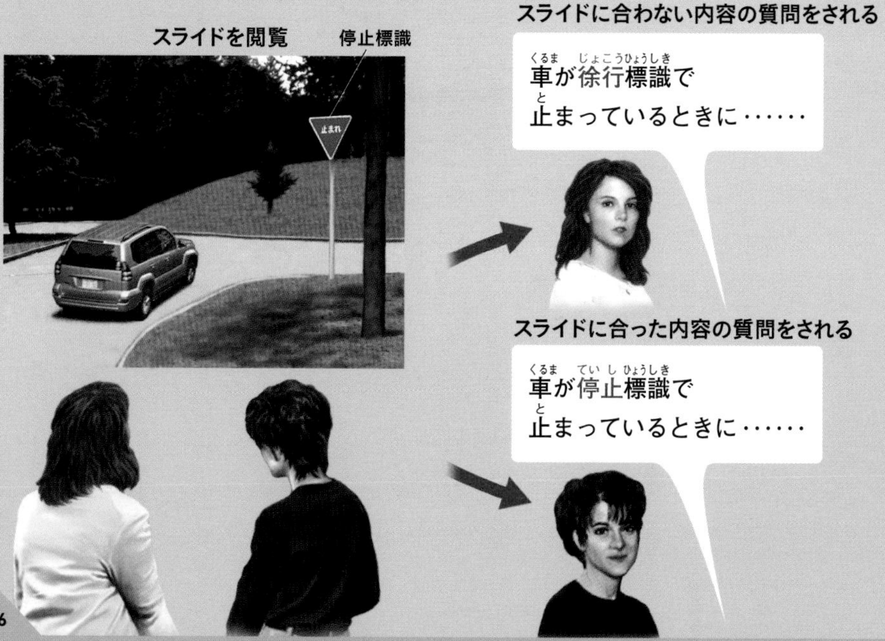

記《き》憶《おく》にもとづく「目撃証言《もくげきしょうげん》」は，思《おも》ったほど正確《せいかく》ではありません。**アメリカでは，のちのDNA鑑定《かんてい》によって冤罪《えんさい》と判明《はんめい》した300名《めい》の裁《さい》判《ばん》のうち，約《やく》75%は事実《じじつ》とはことなる目撃証言《もくげきしょうげん》が有罪《ゆうざい》の根拠《こんきょ》だったという報告《ほうこく》があります。**

以下《いか》は，アメリカの心理学者《しんりがくしゃ》エリザベス・ロフタス（1944〜）らによる1978年《ねん》の実験報告《じっけんほうこく》です※。

実験《じっけん》の参加者《さんかしゃ》は，交通事故《こうつうじこ》を描写《びょうしゃ》したスライドを見《み》ます（**1**）。次《つぎ》に，参《さん》加者《かしゃ》はスライドの内容《ないよう》について質問《しつもん》を受《う》けます（**2**）。20分後《ふんご》，見《み》たスライドは停止標識《ていしひょうしき》が写《うつ》ったものだったか，それとも徐行標識《じょこうひょうしき》が写《うつ》ったものだったかを選《えら》びます（**3**）。

この実験《じっけん》で「見《み》たスライド内《ない》の標《ひょう》識《しき》」と「質問《しつもん》で言及《げんきゅう》された標識《ひょうしき》」が一致《いっち》していた場合《ばあい》の正答率《せいとうりつ》は75%だったのに対《たい》して，一致《いっち》していなかった場合《ばあい》の正答率《せいとうりつ》は41%でした。**実《じっ》際《さい》に見《み》たものとは矛盾《むじゅん》した情報《じょうほう》を事《じ》後《ご》に聞《き》いたことで，正答率《せいとうりつ》が半分近《はんぶんちか》くになったのです。**

3. 20分後《ふんご》，「最初《さいしょ》に見《み》たスライドは停止標識《ていしひょうしき》が写《うつ》っているものと徐行標識《じょこうひょうしき》が写《うつ》っているもののどちらだったか」を含《ふく》む15の質問《しつもん》に答《こた》えます。2択《たく》なので，ランダムに回答《かいとう》した場合《ばあい》の正《せい》答率《とうりつ》は50%です。

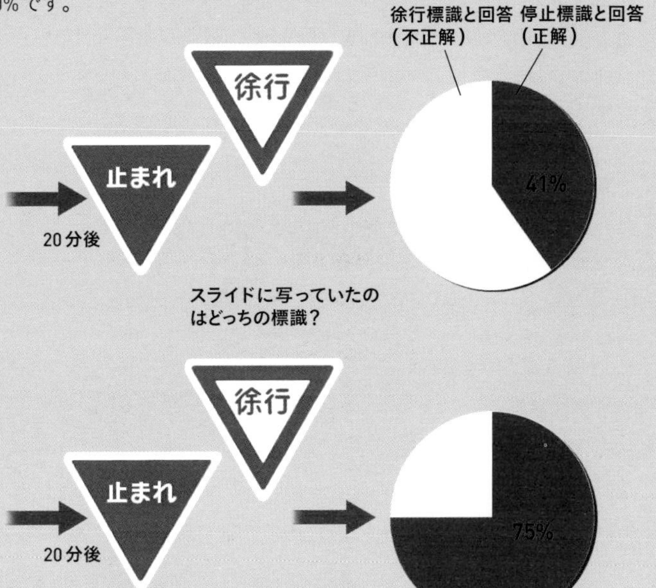

事実《じじつ》ではない事後情報《じごじょうほう》で
正答率《せいとうりつ》が75%→41%に

※：Loftus, E. F., Miller, D. G, and Burns, H. J. (1978). Semantic integration of verbal information into a visual memory. Journal of Experimental Psychology: Human Learning and Memory, 4(1), 19–31

記憶の心理学

顔《がお》は，位置関係《いちかんけい》で記憶《きおく》している

記憶《きおく》を言葉《ことば》にすると誤《あやま》りがおきやすくなる

記憶する顔

顔《がお》を記憶《きおく》するとき，脳《のう》の中《なか》では，目《め》や鼻《はな》などの位置関係《いちかんけい》を全体《ぜんたい》的《てき》に覚《おぼ》える処理《しょり》と，目《め》や鼻《はな》などの特《とく》徴《ちょう》を覚《おぼ》える処理《しょり》が行《おこな》われると考《かんが》えられています。さらに言葉《ことば》で補足《ほそく》すれば，より覚《おぼ》えやすいように思《おも》えます。

ところが，1990年《ねん》にアメリカで報《ほう》告《こく》された実験結果《じっけんけっか》※は逆《ぎゃく》でした。実《じっ》験《けん》の参加者《さんかしゃ》は，強盗《ごうとう》が登場《とうじょう》する動画《どうが》を見《み》たあと，強盗《ごうとう》の顔《がお》が写《うつ》った写真《しゃしん》を8枚《まい》の写真《しゃしん》の中《なか》から選《えら》びました。動画《どうが》を見《み》たあとに強盗《ごうとう》の顔《かお》の特徴《とくちょう》を言葉《ことば》で列挙《れっきょ》した人《ひと》の正解率《せいかいりつ》は38％で，列挙《れっきょ》しなかった人《ひと》の正解率《せいかいりつ》の64％よりも低《ひく》くなりました。これを，「言語陰蔽効果《げんごいんぺいこうか》」といいます。

言語化《げんごか》することで目《め》や鼻《はな》などの特《とく》徴《ちょう》に注目《ちゅうもく》することになりますが，その後《ご》の識別《しきべつ》では目《め》や鼻《はな》などの位置関《いちかん》係《けい》が主《おも》な判断材料《はんだんざいりょう》になります。この不一致《ふいっち》が，記憶《きおく》の誤《あやま》りを引《ひ》きおこすのです。

※：Schooler, J. W. and Engstler-Schooler, T. Y. (1990). Verbal overshadowing of visual memories: Some things are better left unsaid. Cognitive Psychology, 22(1), 36–71.

記憶《きおく》の誤《あやま》りを引《ひ》きおこす言語化《げんごか》

人《ひと》が顔《がお》を記憶《きおく》するときは，目《め》や鼻《はな》などの位置関係《いちかんけい》を全体的《ぜんたいてき》に覚《おぼ》える処理《しょり》（中央《ちゅうおう》）が，目《め》や鼻《はな》などの特徴《とくちょう》を覚《とう》える処理《しょり》よりも，優先《ゆうせん》されると考《かんが》えられています。目《め》や鼻《はな》などの特徴《とくちょう》を言語化《げんごか》（右《みぎ》）すると，記憶《きおく》の誤《あやま》りを引《ひ》きおこします。

目や鼻などの位置関係を全体的に覚える処理のイメージ

目や鼻などの特徴を言語化するイメージ

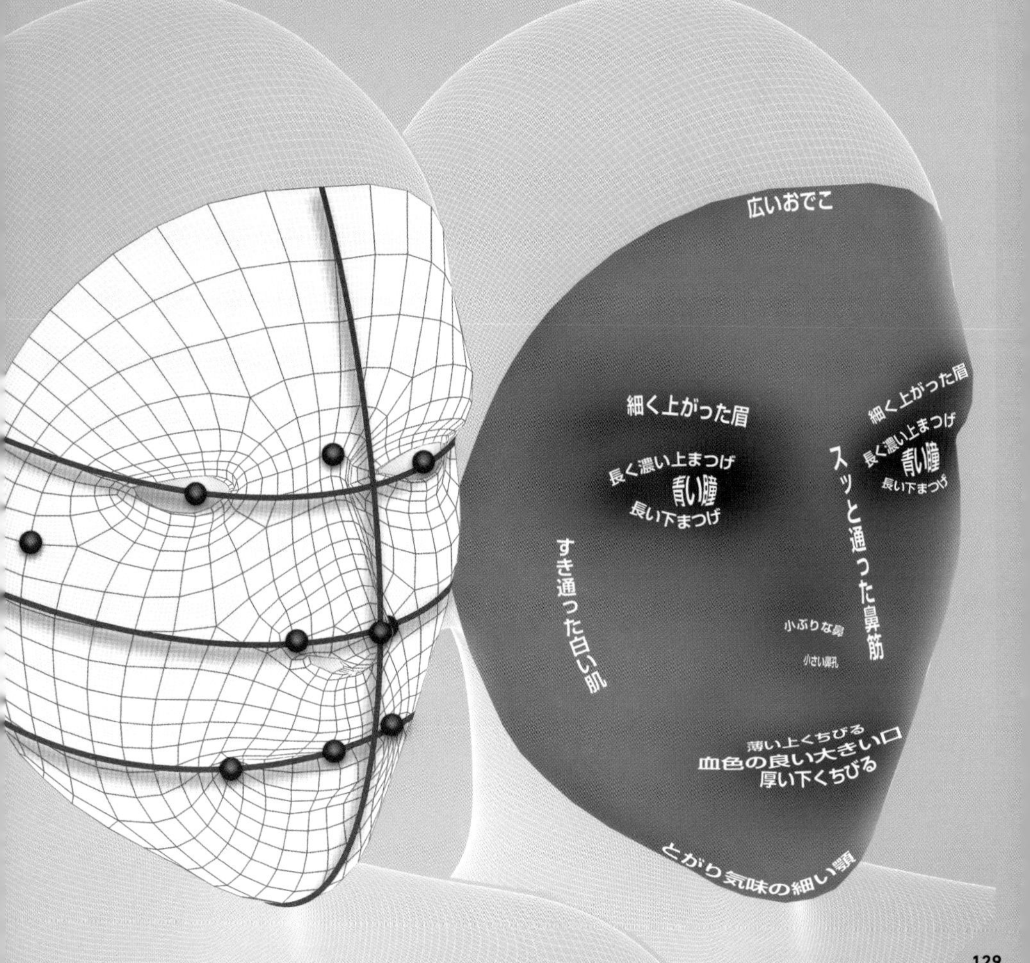

記憶の心理学

強《つよ》い恐怖《きょうふ》を感《かん》じると，記憶力《きおくりょく》は低下《ていか》する

緊張感《きんちょうかん》が強《つよ》すぎても弱《よわ》すぎてもよくない

もしも強盗《ごうとう》に出《で》くわしたら，おどろきや恐怖《きょうふ》の感情《かんじょう》でいっぱいになることでしょう。そのような状況《じょうきょう》では，「凶器注目効果《きょうきちゅうもくこうか》（トンネル視《し》）」とよばれる現象《げんしょう》がおきます。**凶器《きょうき》に強《つよ》い注意《ちゅうい》が向《む》く一方《いっぽう》で，犯人《はんにん》の顔《かお》や服装《ふくそう》などの背景情報《はいけいじょうほう》は知覚《ちかく》されにくくなり，ひいては記憶《きおく》されにくくなるという現象《げんしょう》です。**

凶器《きょうき》に注目《ちゅうもく》してしまうしくみとして，二《ふた》つの説《せつ》が有力《ゆうりょく》です。一《ひと》つは，おどろきや恐怖《きょうふ》が視覚的《しかくてき》な注意《ちゅうい》の範囲《はんい》をせばめるという説《せつ》です。もう一《ひと》つは，通常《つうじょう》はありえない状況《じょうきょう》であるため，視覚的《しかくてき》な注意《ちゅうい》が凶器《きょうき》に引《ひ》きつけられるという説《せつ》です（台所《だいどころ》の包丁《ほうちょう》が寝室《しんしつ》にあると注意《ちゅうい》が引《ひ》きつけられてしまいます）。

また，緊張感《きんちょうかん》（ストレスや覚醒《かくせい》の度合《どあ》い）が強《つよ》すぎても弱《よわ》すぎても，記憶《きおく》されにくくなることが知《し》られています。

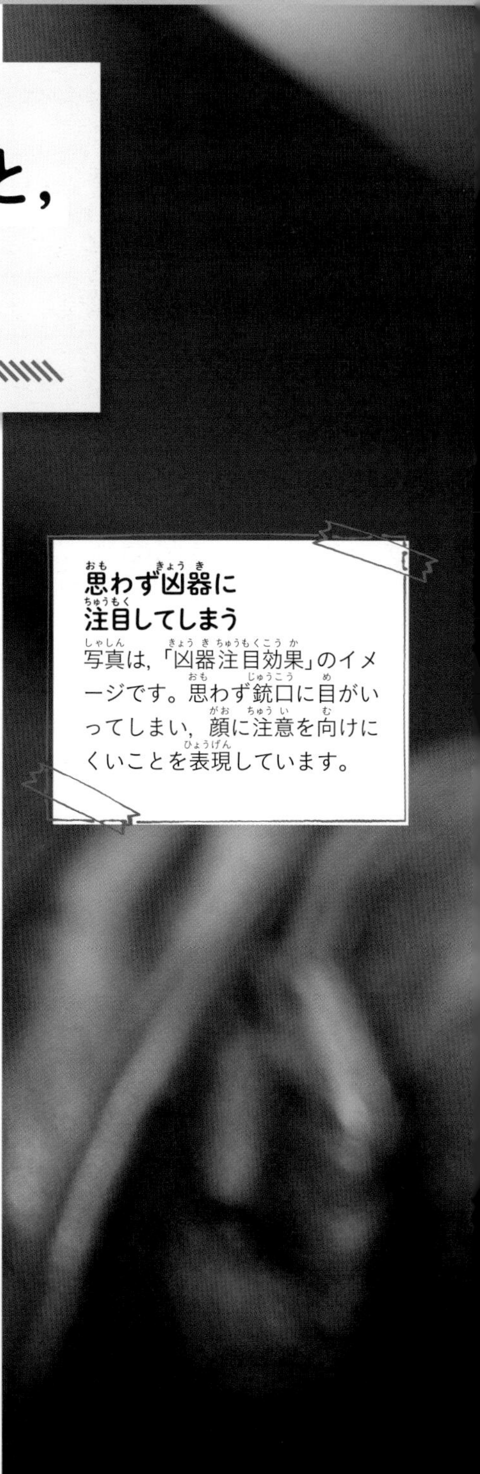

思《おも》わず凶器《きょうき》に注目《ちゅうもく》してしまう

写真《しゃしん》は，「凶器注目効果《きょうきちゅうもくこうか》」のイメージです。思《おも》わず銃口《じゅうこう》に目《め》がいってしまい，顔《かお》に注意《ちゅうい》を向《む》けにくいことを表現《ひょうげん》しています。

Column

コーヒーブレーク

感情的《かんじょうてき》な記憶《きおく》にかかわる“古《ふる》い脳《のう》”

脳《のう》は「皮質《ひしつ》」と「皮質下《ひしつか》」に大《おお》きく分《わ》けられます。皮質《ひしつ》(大脳《だいのう》皮質《ひしつ》)は，進化《しんか》の過程《かてい》で発達《はったつ》した“新《あたら》しい脳《のう》”です。一方《いっぽう》，皮質下《ひしつか》の脳《のう》である「扁桃体《へんとうたい》」や「海馬《かいば》」などは早《はや》い時期《じき》にあらわれた，進化的《しんかてき》に“古《ふる》い脳《のう》”です。

感情には，“古《ふる》い脳《のう》”が欠《か》かせません。発達《はったつ》した皮質《ひしつ》をもたない動物《どうぶつ》であっても，明《あき》らかに怒《おこ》って攻撃《こうげき》したり，恐《おそ》ろしくて身《み》をすくめたりします。そのような動物《どうぶつ》も，感情《かんじょう》とよべるものをもつと考《かんが》えられています。

個人的《こじんてき》な思《おも》い出《で》や，強盗《ごうとう》にあったときのような強《つよ》い感情《かんじょう》をともなう記憶《きおく》にも，“古《ふる》い脳《のう》”が大《おお》きな役割《やくわり》を果《は》たします。その代表例《だいひょうれい》が扁桃体《へんとうたい》です。左右《さゆう》の脳《のう》の扁桃体《へんとうたい》が損傷《そんしょう》してしまった患者《かんじゃ》は，他人《たにん》の恐怖《きょうふ》の表情《ひょうじょう》から恐怖《きょうふ》を読《よ》み取《と》れないことがわかっています。また，感情《かんじょう》に訴《うった》えかける物語《ものがたり》を見聞《みき》きしたあと，その物語《ものがたり》に関《かん》する質問《しつもん》への正答率《せいとうりつ》が通常《つうじょう》の人《ひと》より低《ひく》いことが報告《ほうこく》されています。

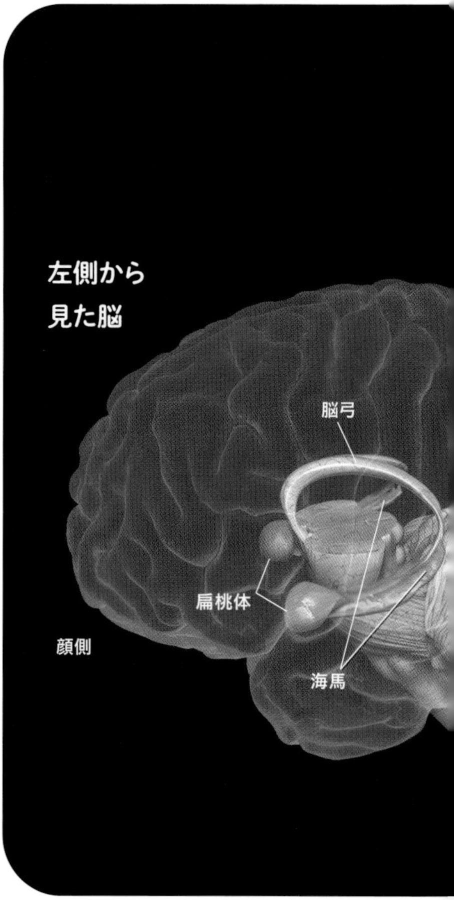

記憶《きおく》をになうのは海馬《かいば》だけではない

おどろきや恐怖《きょうふ》などの感情《かんじょう》（情動《じょうどう》）が密接《みっせつ》にかかわる記憶《きおく》には，「海馬《かいば》」だけでなく，「扁桃体《へんとうたい》」などを含《ふく》む脳神経回路《のうしんけいかいろ》がはたらいていると考《かんが》えられています。左側《ひだりがわ》の図《ず》は海馬《かいば》（青色《あおいろ》）と扁桃体《へんとうたい》（だいだい色《いろ》）の位置《いち》を示《しめ》しています。通常《つうじょう》，どちらも左右《さゆう》の脳《のう》に一《ひと》つずつ存在《そんざい》しています。右側《みぎがわ》の図《ず》は，海馬《かいば》を含《ふく》む神経回路《しんけいかいろ》と扁桃《へんとう》体《たい》を含《ふく》む神経回路《しんけいかいろ》を示《しめ》しました。

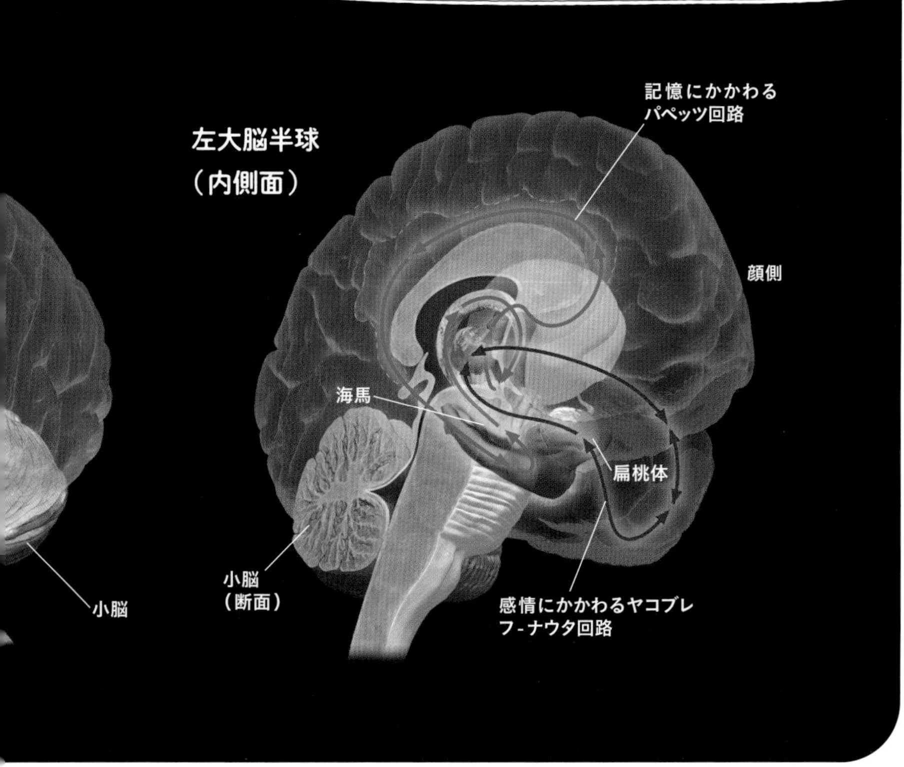

注：脳のイラストはBodyParts3D, Copyright© 2008 ライフサイエンス統合データベースセンター licensed by CC表示ー継承2.1 日本（http://lifesciencedb.jp/bp3d/info/license/index.html）を加筆改変

鮮明《せんめい》な記憶《きおく》がまちがっていることも！

強引《ごういん》に思《おも》いだそうとしてエラーがおきる

世《せ》界的《かいてき》な大事件《だいじけん》の際《さい》には，長《なが》い時間《じかん》がたってからも，そのときどこでだれと何《なに》をしていたかなどについて，鮮明《せんめい》に思《おも》いだせることがわかっています。この記憶現象《きおくげんしょう》は，写《しゃ》真《しん》のフラッシュになぞらえて「閃光《せんこう》記憶《きろく》」とよばれます。

しかし，記憶《きおく》が鮮明《せんめい》だからといって正確《せいかく》とは限《かぎ》りません。大事件《だいじけん》の直《ちょく》後《ご》にどこで何《なに》をしていたかなどを質《しつ》問《もん》して記録《きろく》しておき，たとえば1年《ねん》後《ご》に同《おな》じ質問《しつもん》をすると，記録《きろく》とことなることを鮮明《せんめい》に覚《おぼ》えていたという実験結果《じっけんけっか》があります。

閃光記憶《せんこうきろく》のゆがみは，その後《ご》に何《なん》度《ど》も思《おも》いだされ，再構成《さいこうせい》されることでおきると考《かんが》えられています。もともと，いつどこでといった情報《じょうほう》には，大事件《だいじけん》が記憶《きおく》されたときにほとんど注《ちゅう》 意《い》が向《む》けられていません。**それでも強引《ごういん》に思《おも》いだそうとすると，事実《じじつ》とは別《べつ》の時間《じかん》や場所《ばしょ》の記憶《きおく》が思《おも》いだされ，閃光記憶《せんこうきろく》がゆがんで再構成《さいこうせい》されるのです。**

事実《じじつ》とは別《べつ》の記憶《きおく》が思《おも》いだされ，再構成《さいこうせい》される

いつどこでという情報《じょうほう》をさぐって思《おも》いだす作業《さぎょう》は，大脳《だいのう》のおでこ側《がわ》にある「前頭前野《ぜんとうぜんや》」が行《おこな》います。前頭前野《ぜんとうぜんや》が誤《あやま》った記憶《きおく》を思《おも》いだしても，普通《ふつう》は誤《あやま》りであることに気《き》づけず，事実《じじつ》とはことなる記憶《きおく》が再構成《さいこうせい》されてしまいます。

閃光記憶

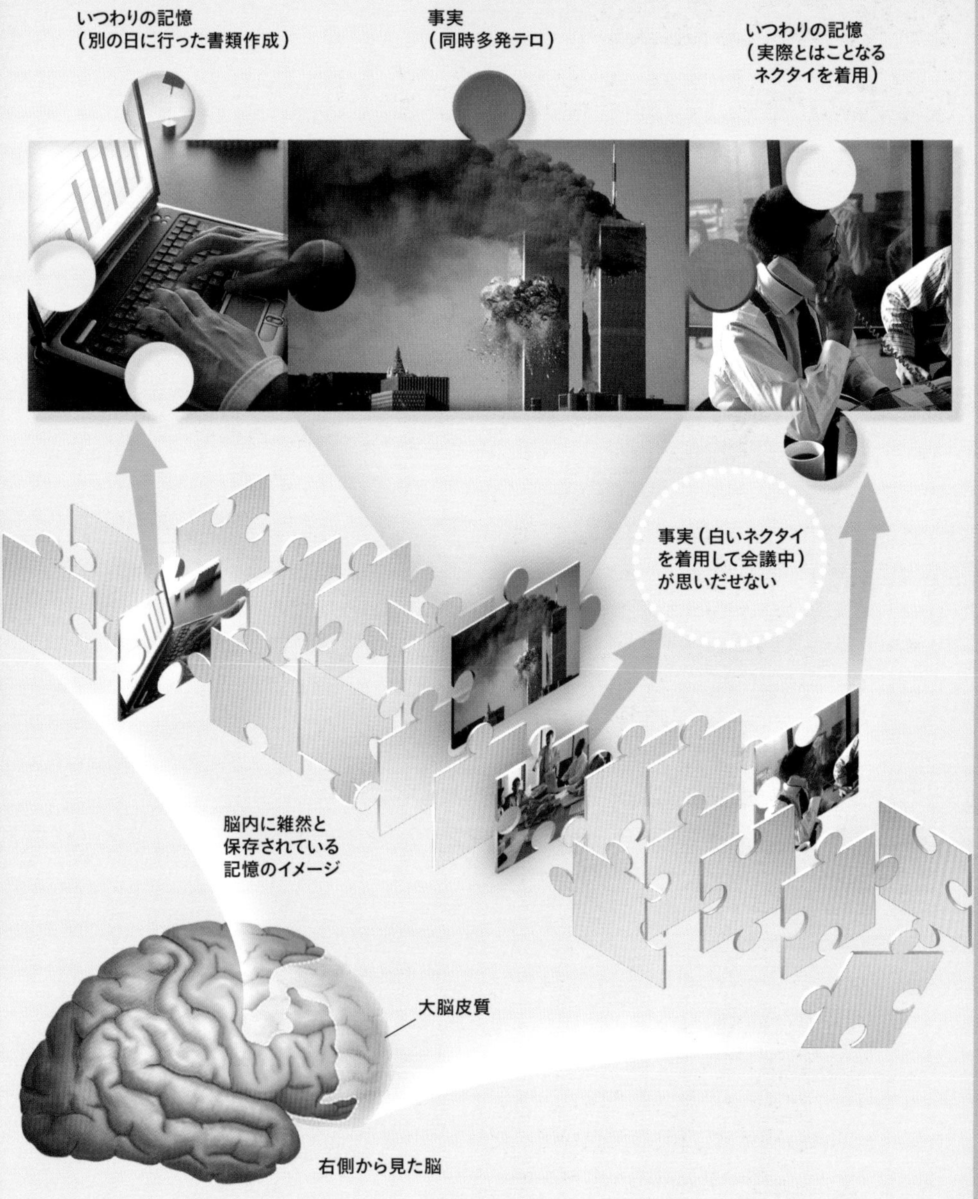

いつわりの記憶
（別の日に行った書類作成）
事実
（同時多発テロ）
いつわりの記憶
（実際とはことなる
ネクタイを着用）
事実（白いネクタイ
を着用して会議中）
が思いだせない
脳内に雑然と
保存されている
記憶のイメージ
大脳皮質
右側から見た脳

まちがった記憶《きおく》にも意味《いみ》がある

困難《こんなん》なできごとも，前《まえ》向《む》きにとらえなおせる

忘《わす》れにくいさまざまな記憶《きおく》

左《ひだり》ページには宣言的記憶《せんげんてききおく》の例《れい》，右《みぎ》ページには非宣言的記憶《ひせんげんてききおく》の例《れい》をえがきました。ここにあげた例《れい》は，どれも忘《わす》れにくい記憶《きおく》の代表《だいひょう》です。

宣言的記憶《せんげんてききおく》

できごとの思《おも》い出《で》（エピソード記憶《きおく》）や，勉《べん》学《がく》によって身《み》につく知識《ちしき》（意味記憶《いみきおく》）は，宣《せん》言的記憶《げんてききおく》とよばれます。

エピソード記憶

意味記憶

いつどこで何《なに》をしたといった情《じょう》報《ほう》を含《ふく》む「エピソード記憶《きおく》」は，言葉《ことば》で書《か》きあらわすことができる記憶《きおく》（宣言的記憶《せんげんてききおく》）でもあります。

一方《いっぽう》，言葉《ことば》で書《か》きあらわすのがむずかしい記憶《きおく》（非宣言的記憶《ひせんげんてききおく》）には，「手続《てつづ》き記憶《きおく》（技能《ぎのう》・習慣《しゅうかん》）」などがあります。エピソード記憶《きおく》も手続《てつづ》き記憶《きおく》も忘《わす》れにくい記憶《きおく》ですが，エピソード記憶《きおく》は誤《あやま》りやすい記憶《きおく》で，手《て》続《つづ》き記憶《きおく》は誤《あやま》りにくい記憶《きおく》です。

記憶《きおく》の誤《あやま》りやすさには，どのような意味《いみ》があるのでしょうか。

人《ひと》が生《い》きていく間《あいだ》には，つらく悲《かな》しいこともおきます。しかしそういった困難《こんなん》なできごとが，年月《ねんげつ》を経《へ》て，前向《まえむ》きにとらえなおされることがあります。このような変化《へんか》は，記憶《きおく》が誤《あやま》りやすいからこそおきるといえるでしょう。

このように，記憶《きおく》の誤《あやま》りやすさが役《やく》に立《た》つこともあるのです。

非宣言的記憶《ひせんげんてききおく》

スポーツでの体《からだ》の動《うご》かし方《かた》（技能《ぎのう》・習慣《しゅうかん》）や，使《つか》ったことのある商《しょう》品《ひん》のCMを見《み》てその商品《しょうひん》を買《か》いたくなる現象《げんしょう》（古典的条件《こてんてきじょうけん》づけ）などは，非宣言的記憶《ひせんげんてききおく》とよばれます。

手続き記憶（技能・習慣）

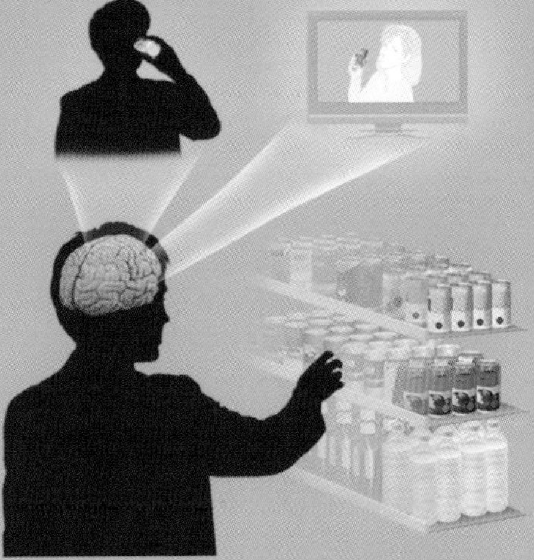

古典的条件づけ

記憶の心理学

効率的《こうりつてき》に記憶《きおく》を維持《いじ》する方法《ほうほう》

少《すこ》しの復習《ふくしゅう》で記憶《きおく》を維持《いじ》できる?

ドイツの心理学者《しんりがくしゃ》ヘルマン・エビングハウス（1850 ～ 1909）は，無意味《むいみ》なアルファベットのつづりを記憶《きおく》する実験《じっけん》を行《おこな》い，記憶《きおく》の“有効期限《ゆうこうきげん》”を調《しら》べました。すると，記憶《きおく》してから20分後《ふんご》には約《やく》40％，1日後《にちご》には約《やく》70％が忘《わす》れられていました。エビングハウスの実験結果《じっけんけっか》は，「忘却曲線《ぼうきゃくきょくせん》」として知《し》られています（右《みぎ》のグラフの青線《あおせん》）。

忘《わす》れてしまった記憶《きおく》を取《と》りもどすには，もう一度《いちど》記憶《きおく》する必要《ひつよう》があります。しかしせっかく記憶《きおく》しなおしても，時間《じかん》がたつとまた忘《わす》れてしまいます。

そこで考《かんが》えだされたのが，右《みぎ》の「忘《ぼう》却曲線《きゃくきょくせん》を考慮《こうりょ》した復習方法《ふくしゅうほうほう》」です。**記憶《きおく》は，復習《ふくしゅう》すると忘《わす》れにくくなります。また，たとえ忘《わす》れてしまっても，復習《ふくしゅう》する回数《かいすう》がふえるほど，楽《らく》に記憶《きおく》しなおせます**。この性質《せいしつ》を利《り》用《よう》した復習方法《ふくしゅうほうほう》が提案《ていあん》されています。

なお，記憶《きおく》をする際《さい》には，休憩《きゅうけい》を入《い》れながら学習《がくしゅう》するほうが効率《こうりつ》がいいようです。試験勉強《しけんべんきょう》などに取《と》り入《い》れてみましょう。

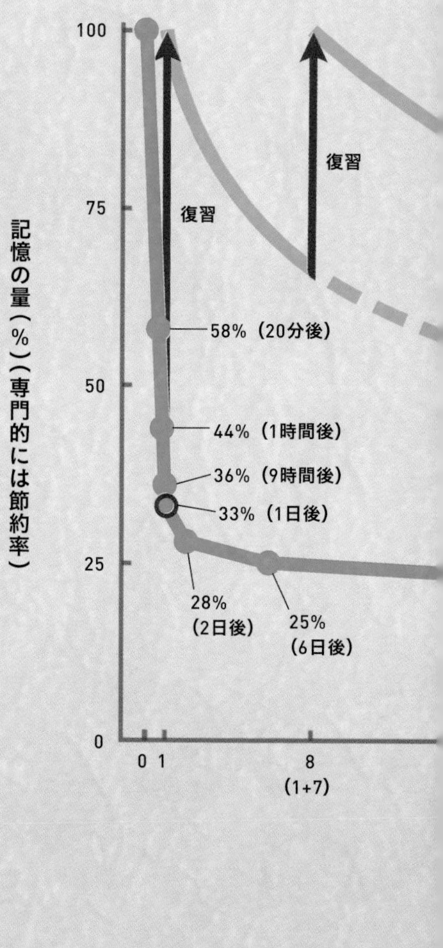

忘却曲線《ぼうきゃくきょくせん》を考慮《こうりょ》した復習方法《ふくしゅうほうほう》

エビングハウスの「忘却曲線《ぼうきゃくきょくせん》」(青線《あおせん》) にもとづき提案《ていあん》された，復習方法《ふくしゅうほうほう》のイメージです。これは，1日後《にちご》に最初《さいしょ》の復習《ふくしゅう》（ピンク色《いろ》の矢印《やじるし》で表現《ひょうげん》）を行《おこな》い，その1週間後《しゅうかんご》に2回目《かいめ》の復習《ふくしゅう》，その2週間後《しゅうかんご》に3回目《かいめ》の復習《ふくしゅう》，その4週間後《しゅうかんご》に4回目《かいめ》の復習《ふくしゅう》を行《おこな》うというものです。

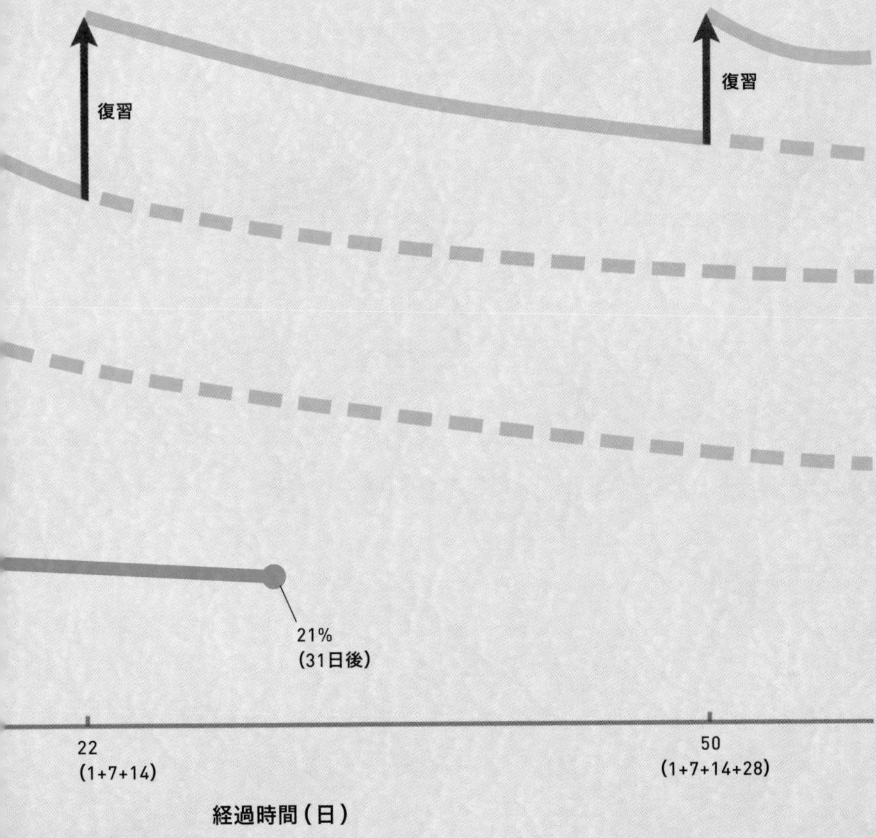

注：『受験脳の作り方』などを参考に作成。

おわりに

これで「心理学《しんりがく》」はおわりです。楽《たの》しんでいただけましたか。

心理学《しんりがく》は，実験《じっけん》や調査《ちょうさ》，観察《かんさつ》などでさまざまなデータを集《あつ》め，仮説《かせつ》を立《た》てて検証《けんしょう》しながら研究《けんきゅう》していく，科学的《かがくてき》な学問《がくもん》だということを紹介《しょうかい》しました。人《ひと》の心《こころ》は見《み》ることもさわることもできないうえに，とても複雑《ふくざつ》です。雑誌《ざっし》やネットの「心理《しんり》テスト」や「占《うらな》い」のように，選択肢《せんたくし》をいくつか選《えら》んでパッと答《こた》えが出《で》るほど単純《たんじゅん》ではないということが，おわかりいただけたと思《おも》います。

また，一般的《いっぱんてき》に「好《す》きだから見《み》る」「好《す》きだからドキドキする」と思《おも》われていますが，「たくさん見《み》るから好《す》きになる」「ドキドキするから好《す》きと感《かん》じる」という順番《じゅんばん》もあることを知《し》り，おどろいた人《ひと》も多《た》いと思《おも》います。ほかにも，悪徳商法《あくとくしょうほう》の巧妙《こうみょう》なテクニックや，うわさの広《ひろ》まりやすさを示《しめ》す法則《ほうそく》，“いつわりの記憶《きおく》”が生《う》まれる心理《しんり》などについてもみてきました。

この本《ほん》で紹介《しょうかい》したのは，心理学《しんりがく》のごく一部《いちぶ》です。これを機《き》に心理学《しんりがく》への興味《きょうみ》が広《ひろ》がりましたら，とてもうれしく思《おも》います。

超《ちょう》絵《え》解《かい》本《ぼん》

絵《え》と図《ず》でよくわかる
無《む》の神秘《しんぴ》
ゼロ、真空《しんくう》、そして究極《きゅうきょく》の無《む》

A5判《はん》・144ページ　1480円《えん》(税込《ぜいこみ》)　好評発売中《こうひょうはつばいちゅう》

「無《む》」と聞《き》くと，数字《すうじ》のゼロや「からっぽの空間《くうかん》」としての真空《しんくう》を想像《そうぞう》するかもしれません。もしかしたら，空間《くうかん》すらも存在《そんざい》しないような「究極《きゅうきょく》の無《む》」を思《おも》いえがく人《ひと》もいるでしょう。

この本《ほん》では，数《かず》の「無《む》」といえる「ゼロ」からはじめ，「絶《ぜっ》対《たい》0度《ど》」や「質量《しつりょう》ゼロ」など，物理学《ぶつりがく》にあらわれる「ゼロ」，物質《ぶっしつ》のない「真空《しんくう》」をめぐる興味深《きょうみぶか》い話《はなし》や，宇宙《うちゅう》を生《う》んだ「究極《きゅうきょく》の無《む》」まで，どこか心《こころ》ひかれる「ゼロ」や「無《む》」について，その不思議《ふしぎ》さや現代科学《げんだいかがく》とのつながりをやさしく解説《かいせつ》しました。

私《わたし》たちの住《す》む「有《ゆう》」の世界《せかい》を鮮明《せんめい》にえがきだす「無《む》」。そのおどろくべき正体《しょうたい》に，じっくりとせまっていきます。

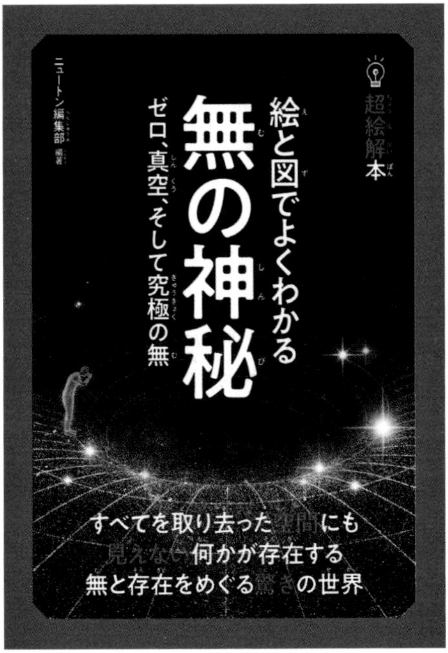

ゼロの発見《はっけん》は科学《かがく》の発展《はってん》に不可欠《ふかけつ》だった

究極《きゅうきょく》の無《む》が宇宙《うちゅう》を生《う》んだ

「存在《そんざい》する」とはどういうことか?

―― 目次《もくじ》(抜粋《ばっすい》) ――

Staff

Editorial Management	中村真哉
Cover Design	岩本陽一
Design Format	宮川愛理
Editorial Staff	小松研吾，佐藤貴美子

Photograph

9,13	natali_mis/stock.adobe.com
15	Andrey_Kuzmin / shutterstock.com，Monkey Business Images / shutterstock.com
22-23	natali_mis/stock.adobe.com
25	alexkich/shutterstock.com
27	StunningArt/shutterstock.com，Anke Thomass/stock.adobe.com，Jan H. Andersen/stock.adobe.com
35	ohayou!/stock.adobe.com
37	株式会社日本・精神技術研究所
38-39	StunningArt/shutterstock.com
40-41	Tatsushi/stock.adobe.com
43	Anke Thomass/stock.adobe.com
48-49	Jan H. Andersen/stock.adobe.com
55	BBuilder/stock.adobe.com
67	©Paylessimages-Fotolia.com
71	REDPIXEL.PL/shutterstock.com
72	Romanets / shutterstock.com
73	wavebreakmedia / shutterstock.com
74	1995, Edward H. Adelson.
75	【水彩錯視】Peter Hermes Furian/stock.adobe.com，【斜塔錯視】Konstantin Kulikov/stock.adobe.com
78-79	©Kzenon-Fotolia.com
81	BBuilder/stock.adobe.com
86-87	Media Whalestock / shutterstock.com
91	smspsy/shutterstock.com，tumsasedgars/stock.adobe.com
95	Michele Constantini/Getty Images
102-103	smspsy/shutterstock.com
107	tumsasedgars/stock.adobe.com
108-109	scandamerican/stock.adobe.com
112-113	travelview/stock.adobe.com
130-131	Prisma Bildagentur/アフロ
135	ロイター/アフロ

Illustration

表紙カバー	Newton Press
表紙	Newton Press
2	Newton Press
7	Newton Press
9	宮川愛理，Newton Press
11	宮川愛理
14	Newton Press
17〜23	Newton Press
29	Newton Press
31〜33	Newton Press
44〜47	Newton Press
50-51	Newton Press
53	Newton Press
55	Newton Press，秋廣翔子
57〜63	Newton Press
69	Newton Press
77	Newton Press
82-83	Newton Press
85	秋廣翔子
89	Newton Press
91〜93	Newton Press
96〜99	Newton Press
101	Newton Press
104-105	Newton Press
110-111	Newton Press
115	Newton Press
117	月本事務所（AD：月本佳代美，3D監修：田内かほり）
119	Newton Press
121〜129	Newton Press
132-133	Newton Press (BodyParts3D, Copyright© 2008 ライフサイエンス統合データベースセンター licensed by CC表示ー継承2.1 日本 [http://lifesciencedb.jp/bp3d/info/license/index.html]を加筆改変)
135〜139	Newton Press
141	Newton Press

本書は主に，ニュートンライト2.0『心理学』，ニュートン別冊『ゼロからわかる心理学 増補第2版』，ニュートン別冊『心理学 実践編』，ニュートン別冊『心理の取扱説明書』，Newton2023年2月号の一部記事を抜粋し，大幅に加筆・再編集したものです。

初出記事へのご協力者（敬称略）：
池田まさみ（十文字学園女子大学教育人文学部心理学科教授）／大島 尚（東洋大学社会学部教授）／大竹文雄（大阪大学大学院経済学研究科教授）／大坪天平（東京女子医科大学附属足立医療センター心療・精神科部長）／越智啓太（法政大学文学部心理学科教授）／川﨑弥生（早稲田大学人間科学学術院人間科学部講師）／北神慎司（名古屋大学大学院情報学研究科心理・認知科学専攻心理学講座准教授）／釘原直樹（大阪大学大学院人間科学研究科名誉教授）／サトウタツヤ（立命館大学総合心理学部教授）／杉浦仁美（近畿大学経営学部キャリア・マネジメント学科講師）／高橋雅延（聖心女子大学現代教養学部心理学科教授）／高比良美詠子（立正大学心理学部対人・社会心理学科教授）／仁平義明（星槎大学大学院教育学研究科教授）／浜田寿美男（奈良女子大学名誉教授）／宮本康司（東京家政大学家政学部環境教育学科准教授）／森 津太子（放送大学教養学部心理と教育コース教授）／横田正夫（日本大学文理学部心理学科特任教授）

超《ちょう》絵《え》解《かい》本《ぼん》

心《こころ》の不《ふ》思《し》議《ぎ》を科《か》学《がく》で読《よ》み解《と》く

絵《え》と図《ず》でよくわかる心《しん》理《り》学《がく》

2023年5月15日発行

発行人　高森康雄
編集人　中村真哉
発行所　株式会社 ニュートンプレス
〒112-0012東京都文京区大塚3-11-6
https://www.newtonpress.co.jp

ISBN978-4-315-52688-2